父母缺乏的不是爱心而是家教方法　孩子缺乏的不是聪明而是学习方法

有家有爱并不够——

致年轻的妈妈

葛 英 编著

成功家教直通车

拉紧孩子的左手，是妈妈的责任，也是为了孩子在成长中少走弯路；放开孩子的右手，同样是妈妈的重要职责，让孩子活出自己的精彩。

煤炭工业出版社

·北京·

图书在版编目（CIP）数据

有家有爱并不够：致年轻的妈妈 / 葛英编著. ——
北京：煤炭工业出版社，2014（2017.4 重印）
（成功家教直通车）
ISBN 978－7－5020－4482－4

Ⅰ.①有…　Ⅱ.①葛…　Ⅲ.①家庭教育　Ⅳ.①G78

中国版本图书馆 CIP 数据核字（2014）第 063530 号

煤炭工业出版社　出版
（北京市朝阳区芍药居 35 号　100029）
网址：www.cciph.com.cn
北京一鑫印务有限公司　印刷
新华书店北京发行所　发行
＊
开本 720mm×1000mm$^1/_{16}$　印张 14$^1/_4$
字数 208 千字
2014 年 8 月第 1 版　2017 年 4 月第 2 次印刷
社内编号 7314　定价 28.00 元

前　言

　　婴儿伴随着第一声啼哭来到了世界上，在妈妈眼中，那是一种最美妙的乐音，甚至可以说成是天才的呐喊。妈妈把孩子带到这个世界上的同时，也肩负着把孩子教育成人的责任。妈妈是孩子最好的老师，今天，妈妈怎样教育孩子，明天，孩子就有可能成为怎样的人。

　　孩子呱呱落地之时，年轻妈妈们自信满满、摩拳擦掌地抱起了自己的新生宝贝。可是很快，她们的自信和情绪就随时间推移进入了下降通道，因为有太多困扰不能有效解决，有不少挫折难以面对……当初的神采飞扬，很快就变成了灰头土脸。孩子的成长过程是复杂、艰难的。人来到这个世界上，从一个自然人成长为一个社会人，要经历自身与外界，各个方面、多种多样因素的影响。自身因素包括：自我约束、自我评价、自我激励、自我追求等；外在因素则有：家庭、幼儿园、学校、社会的影响。在这些外在因素里，家庭环境及家庭成员的影响是对孩子影响最早、时间最长的一种。而在家庭成员中，对孩子影响最大的则是妈妈。

　　值得妈妈注意的是，时代在变，家庭教育的方式不能一成不变，也必须随着社会的变迁，不断地灵活调整，才能收到预期的效果。传统的封闭式的家庭教育已经不适合新时期孩子的成长。妈妈必须从单一、枯燥的说教，向与孩子相互沟通、平等交流转变，从重智育轻德育的现状，向注重提高孩子的创造精神和实践能力上转变，这是大势所趋。拉紧孩子的左手，放开孩子的右手。拉紧孩子的左手，是妈妈的责任，也是为了孩子在成长中少走弯路；放开孩子的右手，同样是妈妈的重要职责，能驱使孩子让孩子活出自己的精彩。

　　如今，80后妈妈已经成了年轻妈妈的主体，而这些年轻妈妈自身多半又是中国第一代独生子女。一代人有一代人的特点，围绕在80后妈妈身边的新词儿还真不少——宅妈达人、网购网聊、讲究效率、崇尚平等、追求个性、不愿让孩子输在起跑线、棍棒教育太过时……这些词能不能代表80后妈妈的育儿方式和生活内容呢？那么，年轻的妈妈怎样才能是个好妈妈呢？那就阅读《有家有爱并不够——致年轻的妈妈》这本书吧！你会发现自己如同骑着哈利波特的扫把、抱着哆啦A梦的百宝箱、提着阿拉丁的神灯，还有拿着马良的神笔……一切的一切都变得如此神奇！

目 录

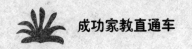

第一章
世上只有妈妈好

一个年轻妈妈应该观察孩子的潜在能力和才华，她的任务是为孩子打好基础，至于将来孩子做什么，妈妈是无法设计的。还有，千万不要做一个抱怨妈妈，有些妈妈喜欢抱怨，怨社会不公，怨孩子不孝，怨男人不好……即使是爱也化作了无尽的唠叨，要知道这样一个抱怨妈妈，对孩子的杀伤力特别大！

年轻妈妈首先要懂得科学地养育孩子，其次是让孩子有一个平衡的心态，要懂得与人沟通，还要自信、独立，给孩子一个充满爱的环境，一个有爱、有关怀的家庭对于孩子的成长极为重要。

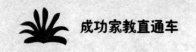

一、早教，被妈妈关爱"绑架"

"谁家的孩子不上亲子园，就是输在了起跑线上"，面对这样的宣传，相信每个年轻的妈妈都不会无动于衷。近几年国内的早教市场发展可以用疯狂来形容，很多妈妈在并不知道早教与幼教的区别时，出于"爱"就把自家孩子送进了各种亲子园。

✎ 亲子故事

萱萱才刚满一周岁，王燕一家人已经开始全家总动员，做起了早教中心市场调研，爷爷奶奶负责咨询价格，妈妈王燕则忙着"煲电话粥"——向单位的大姐讨教经验，目的就是为宝宝选一家最好的亲子园。

经过一番调查研究，王燕了解到，目前在青岛经营规模大、连锁店多、口碑比较响的早教中心多数是"洋品牌"，其中尤以美国的金宝贝、澳洲的亲亲袋鼠等几家早教机构入园率较高，与此同时价格也确实是"高人一等"。而本土品牌，像诺贝尔、东方爱婴、运动宝贝等早教中心，虽然名气不大，课程设置有限，但是性价比高。如此来看，各有各的优势，为了确保给宝宝提供一个好的成长环境，王燕决定带着宝宝进行"实战演练"。

2月14日，王燕带着萱萱来到实地考察第一站——位于市南区东海西路的金宝贝早教中心。"不愧为全球知名早教机构，无论外观装修，器械配置上都很好，很新颖。"王燕和宝宝一起上的这节体验课大体分为十个环节，每个环节都会围绕主题展开，例如快、慢、左、右等，强调在游戏中强化孩子的认知，而且老师授课以英文为主。一堂课下来，王燕感觉课程安排得很丰富也很合理，但是一年96节课1万多元的费用，着实让王燕感到吃不消。"确实太贵了，再加上奶粉、看病等日常花销，一个孩子一年就得两三万，一般家庭肯定负担不起。"

2月16日，王燕带着萱萱又来到东方爱婴早教中心燕儿岛路店。从课前伴随音乐走动到玩积木、动物声音模仿，再到自我介绍、母婴互动、健身操，一堂课下来王燕自己都觉得很紧张。虽然硬件配套上没有金宝贝出色，但是老师耐心随和的态度以及性价比较高的课程设置，还是赢得了王燕的好感。经过仔细衡量，王燕最终选择了东方爱婴。

"其实，对于早教的作用我也不太懂，只是看周围朋友都把孩子送到亲子园，就觉得自己家孩子也应该去，不去的话，会不会还没'起跑'就输了？"王燕的一句话说出了家长的心声。

写给妈妈的话

其实，从专业角度来讲，良好的早教环境和早教方式，确实有助于孩子成长过程中提高认知能力和生活能力。

然而，很多妈妈在儿童早期教育上增大投入、花费时间的同时，也形成了一些误区，她们普遍认为，早期教育就是给孩子报名参加亲子园的各种学习班，带孩子去上课是希望孩子能学点什么。还有的妈妈以为把孩子送去上了早教班就是完成了任务，对于孩子的生长发育规律一概不懂，对于早教机构的资质、教学效果等丝毫不重视，只是盲目跟风。

（一）期盼孩子成"神童"

事实是：90%以上的儿童都是正常孩子。妈妈给正常的孩子定超常的标准，那结果只能等于拔苗助长。

（二）3岁前孩子背诗识字

事实是：孩子大脑在3岁以前的记忆只是机械记忆，妈妈常常以自己的孩子这么小就能说会道、会背诗词、会数数而骄傲，其实孩子这时并不理解一个词、一个数字代表的真实含义，只是一种短期的机械记忆，如果不定期重复，就会很快遗忘，而且这种做法并不能增强记忆力，也就是说孩子记住的东西并不比同龄人多。等到上学后，这些所谓的优势就会遗失，他们会重新与同龄人站在同一起跑线上，以前记的东西都白学了。

（三）90%以上家庭把教育与学习相提并论：孩子不到一岁就认字，不到3岁学外语，过了3岁就进培训班

事实是：教育包括的内容很多，如健康心理、愉快情绪等，但都不能用成绩衡量。早教是要让儿童养成良好习惯，而不能逼孩子学会专门技能。

（四）80%以上的家庭认为婴儿脆弱，要像对待病人一样照顾

事实是：婴儿不是病人，他们从还是胎儿的时候就有了各种能力，一出生则有72种潜能，有惊人的适应能力。如把婴儿当病人照顾，婴儿潜能就会消失。

（五）妈妈给孩子定太高的目标。许多妈妈认为，不能让孩子输在起跑线上

事实是：其实人生起跑线不止一条，人生的成功也不在于儿时成绩的高低。

二、你是不是"直升机父母"

"直升机父母"是目前流行的一个新称谓，比喻那些爱子心切的父母，就像直升机一样盘旋在孩子的上空，时时刻刻监控孩子的一举一动。对孩子无所不管、无处不在，介入孩子的一切。当孩子有需要时立即补给，在孩子即将遇到困难时随时降落为孩子先挪去障碍……他们的不懈努力塑造了一代"啃老族"！

✎ 亲子故事

小然妈妈是个勤劳的人，孩子的事总是安排得井井有条，能替孩子做的从不让孩子动手。每天晚上都会把小然的小书包收拾好，看看彩笔带了没，再确认一下幼儿园布置的作业放进去没。而5岁的小然，也习惯了这样的生活。有一天，小然从幼儿园回来，噘着小嘴，跟妈妈大发脾气："展示作业没有带，被老师批评了，都是你不好……"她还赌气不吃饭。妈妈也觉得很内疚，好像自己犯了多大的错误。

再比如，6岁的大辉，本来要和同学们一起代表幼儿园参加合唱比赛，可是临到参加比赛的前一天，大辉退缩了，哭着要妈妈打电话给老师。妈妈看着大辉嗓子都快哭哑了，只好出面帮大辉解围，"好的好的，咱们不去了，妈妈给老师打电话"，结果后来去幼儿园，大辉才知道同学们得奖了，回来又气鼓鼓的，怪

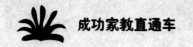

妈妈没有带他去。

写给妈妈的话

两个孩子和其妈妈出现的是同一个问题，本应由孩子负的责任反倒落在妈妈身上。坦率地说，收拾书包这样简单的事，应该让孩子自己做，更何况小然已经5岁了。不仅要教会小然自己收拾书包，更要让小然明白这是自己应该负责的事情。没有带作业是小然的错，可连妈妈也觉得是自己的错，这才是出了大问题。

再说到大辉，"打电话给老师说自己不去"，是大辉自己的事，结果妈妈替代大辉去面对，去承担责任。妈妈可以替代孩子做事，却不能替代孩子做人，不能替代孩子成长。我们不赞成家长逼孩子参加活动，去拿奖、争名次，但不代表可以无原则地放弃。对孩子的期望值很高，但也容易向孩子妥协，纵容孩子，这是"直升机父母"的典型特征。

许多事情就是这样，妈妈凡事替孩子想得周全、管得周全，孩子就会什么都想不到，到头来缺少自我管理的能力，也没有自己承担责任的意识。孩子力所能及的事父母少些包办，放手交给孩子，把责任还给孩子。孩子做得不好也没关系，妈妈只需给予必要的提示和指导，孩子尝试的机会多了，就能逐渐做好。

同时你不仅要教会孩子自己系鞋带、穿衣服、盛饭、洗碗，还要让孩子自己向别人说对不起、谢谢。给孩子机会去体验"我做的决定，我就要负责"，获得动手能力，建立自信心，品尝成功的喜悦和失败的失落……

三、你离"怪兽家长"还有多远

　　有人说，幸福就是"猫吃鱼、狗吃肉、奥特曼打打小怪兽"。可孩子们的幸福是什么？简单的问题，恰恰触痛当今教育的神经。因为，本来应该给孩子幸福的父母，有的变"狼"，有的变"虎"，还有的变成了——"怪兽"。"怪兽家长"，这个称呼最早起源于日本，用以称那些经常提出对自己孩子"有利"但罔顾他人的要求、动辄向学校投诉、干涉学校教育的家长。

✎ 亲子故事

　　在"虎妈狼爸"引爆家庭教育之争后，"鹰爸"又横空出世。不久前，网上一段"4岁孩子在 -13℃暴雪中裸跑"的视频，又一次引起媒体和大众的关注。

　　这位被媒体称为"鹰爸"的父亲叫何烈胜，由于儿子多多是个早产儿，出生时严重天生不足，并伴有左脑室出血、脑蛋白密度低下、血管瘤等多项并发症。为了让羸弱的孩子能够健康成长，何烈胜为多多制订了一系列有针对性的训练计划，包括智能、体能、情商等各个方面，体能方面的功课尤为"严苛"。比如每天 3 公里快走慢跑，爬绳荡桥，练习滑轮车、踏板车，这中间还穿插着各种特长训练，如武术、冬泳、跆拳道等。"经过强化训练，多多身体指标达到同龄孩子水平，智商超过 200。""鹰爸"得意地说。据他所说，为了这次雪地裸跑，事先做了三个月的准备，再加上从小的体能积累，完全有一个循序的过程，不是贸然为之。

然而，对于"鹰爸"的"鹰式教育"，多多的爷爷直言不讳："我有反感。"春节期间，老人看到这段视频，当时就掉泪了。"孩子这么小，为何要折磨孩子？"对于多多的未来，"鹰式教育"的最终成效，老人看着远处奔跑的孙子，既心疼又欢喜，"毕竟他才这么点大，现在能看出什么呢？现在说他是'超能儿童'这种满口话，太早啦！"

相比成功教子的"虎妈"、"狼爸"、"鹰爸"，以平等温和对待孩子而得名的"羊爸"也时有出现。

不久前，广州女孩王立衡被全球最顶尖的名校剑桥大学录取。2009年，这个女孩为逃避学数理化而远赴英国继续她的高中学业。她说，除了适合自己的英国高考制度，父母对她的教育方式也是她在学业上取得突破的重要原因。"从小到大，爸妈从来不监督我做作业，从没有打骂过我。偶尔也会跟我说别人家的孩子考上了北大、清华来刺激我，除此之外，不会再给我施加任何压力。学习方面的决定，都由我自己做主，他们无条件地支持。"

对于"虎妈"、"狼爸"的做法，王立衡的父亲王晓华持鲜明的批判态度，他认为这种不人道的教育方式终会害了孩子，他对王立衡采取的是"羊爸"式的教育。他举了个例子，阐释了自己的家庭教育理念："立衡喜欢摄影，刚转学去英国的时候她发现学校开了摄影课，就想选。我不赞同，但孩子执意要选这门课，我没有再反对，尊重了她的意见。"一年后，女儿决定不再续选摄影课，因为这门课实在太耗精力了，直接影响了她的学业。"事后，立衡向我承认，她当初的选课决定是错误的，但她认为哪怕是错误的决定，也应该由自己亲自作出，久而久之，她的决策能力会越来越好。我认为，家长的权威不是靠强制性的命令来树立的，要尊重孩子自己的选择，允许她犯错。孩子一意孤行碰壁后自然会觉得家长作为长者，生活经验更丰富，慢慢地，她就会发自内心地尊重家长。"

写给妈妈的话

当"虎妈"成新闻热点的时候，妈妈们逼着孩子去学钢琴、舞蹈；当"狼爸"占据媒体版面的时候，妈妈们从床头柜里翻出棍棒，开始信奉"不打不成器"的观念；现在，看到"鹰爸"在电视上侃侃而谈，又觉得也有道理，于是扒光孩子的衣服，让他站在门口让冷风吹一吹……

许多教育专家认为，每个家庭可以采取适合自己的家庭教育方式，但由于家庭背景不同、父母的知识结构学历层次不同、孩子的个性不同，适合一个家庭的教育方式，并不一定适合另一个家庭、另一个孩子，不要轻易把某个家庭的教育方式变为一种模式。因为教育需要长期性、延续性，更重要的是要有科学性、针对性。

专家建议，妈妈们首先要认识自己，认识孩子，找到适合自己和孩子的家教方法。如果实在找不到适合的办法，那么还是遵从最通行的教育理念：尊重孩子，多多交流，切忌宠溺，严格有度……其次，找到正确方法之后，还要坚持下去，不要轻易受其他家教方法的影响，切勿因为自己的意志薄弱和思维混乱，让孩子无所适从，成不了"虎""鹰"反受累。

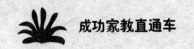

四、妈妈们最爱干"坏事儿"

妈妈一直努力想把宝宝培养成又乖又听话又懂事的好孩子，可是往往妈妈做的一些事情，无形中会让宝宝离好孩子远去了。这就是妈妈好心办了"坏事"儿。

✎ 亲子故事

故事一：

朵朵正在专心致志地搭积木，红的黄的蓝的，方的圆的尖的，朵朵非常享受自己的建筑作品。这时，妈妈忽然兴冲冲地跑过来，拿出一瓶水，递给朵朵："宝贝，歇一会，玩了这么久渴了吧？快喝口水！"朵朵抬头瞅了一眼，噘着嘴非常生气地推开妈妈的手，继续埋头苦干。妈妈不解，估计也生气，心想：这孩子，喝水都不喝，真倔！

妈妈本是一番"好心"，怕孩子渴，却未顾及孩子感受办了一件坏事！

故事二：

一大盘草莓，朵朵一个人端着吃得津津有味，这时，妈妈问："宝贝，草莓好吃吗？给妈妈吃一个好不好啊？"朵朵非常大方地拿出一颗鲜红的草莓递给妈妈。妈妈露出满意的微笑："啊，宝贝真懂事呀！谢谢，妈妈不吃！"于是朵朵把这个草莓扔进自己嘴里，继续独自享用美味。

妈妈本是一番"好心"，想让孩子学会分享，但是却办了一件坏事！

故事三：

电梯里妈妈带着漂亮的朵朵，朵朵在唱歌，一位奶奶笑问："唱得真好听，你叫什么名字？"朵朵有点害羞，没作声。奶奶接着问："几岁了？"朵朵还是畏缩着不语。妈妈怕失礼，赶忙笑着回答："叫朵朵，今年4岁了。"奶奶点点头："哦，好厉害啊，嗓子真好！呵呵。"

妈妈本是一番"好心"，在陌生人面前礼貌回答，但是却办了一件坏事！

故事四：

公园里，朵朵跑着跑着摔倒了，自己站起来拍拍手，妈妈紧张地凑上前，小心地捧起孩子的手，问："哎哟，摔疼了没有啊？啊，红了！好疼啊！宝贝，妈妈给你吹一吹，！"朵朵本来没事，妈妈这么大惊小怪，朵朵也跟着嚷嚷疼。

妈妈本是一番"好心"，唯恐孩子受到伤害，但是却办了一件坏事！

故事五：

朵朵喜欢吃虾，每次妈妈都会剥掉虾壳，把虾肉喂给朵朵吃。朵朵把虾肉给妈妈，妈妈说："你爱吃就都留给你吃。"朵朵心安理得地继续享受妈妈的服务和谦让。直到有一次，妈妈很随意地剥完壳后，把虾仁塞进自己的嘴里，谁知道朵朵突然大喊道："是给我吃的"，大哭大闹逼着妈妈吐出来。

妈妈本是一番"好心"，舍不得吃，都留给孩子，但是却办了一件坏事！

故事六：

朵朵见妈妈在拖地，抢过拖把要帮忙，妈妈一看跟大闹天宫似的，制止："你就别越帮越忙了，一边儿待着去！"直到有一天妈妈喊："就知道玩，真不懂事，快来帮我一下啊！"朵朵头也不抬："我不是越帮越忙吗？"

妈妈本是一番"好心"，减少麻烦，但是却办了一件坏事！

写给妈妈的话

（一）很多妈妈说自己的孩子不够专注，做事三分钟热度，经常开小差，可当孩子沉浸于他的兴趣时，就是在培养自己的专注力呢，如果妈妈一会儿说"来喝口水"，一会儿说"来吃个苹果"，这就是严重干扰。能不能先等孩子专心地把手里的事情做完呢？再去"伺候"小皇帝？

（二）既然你向孩子要吃的，就该吃掉孩子分享给你的东西，否则孩子会觉得大人很奇怪，一会儿要吃一会儿又不吃，莫名其妙。而且几次之后，小人精很快就明白你是在给他下套，久而久之会变成真的不懂得分享。

（三）有些妈妈苦恼自己的孩子胆量不够大，不敢跟别人说话，帮着"抢答"，其实这样做是剥夺了孩子发言的权利和成长的机会。你越帮忙，孩子以后越胆小，越不会主动表达自己。所以，不妨善意地提醒孩子：奶奶在问你话哦，自己告诉奶奶好吗？妈妈别轻易做孩子的"代言人"！

（四）本来孩子自己忽略的伤痛，在妈妈的一个导向之下就被放大了。有些父母面对这样的情况则会漠视，说："没什么大不了的。"这种做法给孩子的导向是积极的，摔跤不是什么大事，一笑而过。伤在儿身，痛在娘心，这是人之常情，不过，就让这种"疼"留在娘心里吧，孩子更需要坚强和乐观。

（五）只要孩子喜欢的，自己就假装不喜欢，留给孩子，殊不知这样一切以孩子为中心的做法，只会养成孩子唯我独尊、自私霸道的性格，将来恐怕很难与人相处、很难融入集体和社会，而且一旦遇到不能如愿的情况，就会心里不平衡。

（六）在孩子做不好的时候，如果自己承担，不给孩子学习和展示的机会，那么在孩子有能力做好的时候，他也不会去做了，思维就有惯性了。

五、好孩子的成长99%靠妈妈

关于孩子的教育问题，一些妈妈这样说过："首先，数学和英语是必须学的，在素质教育里，美术和音乐也是不可缺少的。"在这么多的选择中，最后妈妈们作出了决定："能学的都要学！"但是，妈妈让学的东西，并不一定都是孩子想学的。对孩子来说，他们有自己的喜好，对于自己不喜欢的东西，不知道哪一天就会厌倦。那么，妈妈们究竟应该如何做呢？

✎ 亲子故事

"说过多少遍了，这道题应该这样回答！昨天刚教你的，怎么又错了？"

"妈妈，我讨厌做作业，让我玩一会儿再做行吗？"

"不要吵！你今天不把这些题目都做完就别想玩！"

从嗷嗷待哺的婴儿成长为会说话会走路的孩子，使妈妈烦恼的事也就随之而来了。年轻妈妈最关心的话题就是"孩子的教育"。关于孩子的教育问题，妈妈们有很多的疑问。

应该在什么时候教育孩子？怎么教育？教育什么？

刚一听说邻居家的孩子已经学完了日语，正在学英语，妈妈们就又开始坐不住了，也开始逼迫自己的孩子学各国语言，最终将一个和气的家变成了争吵的战场。

这样，妈妈变得疲惫不堪；在孩子的脑海里也形成了"学习没意思"的印象，同时会打上"妈妈很可怕"的烙印。那么，妈妈们究竟应该怎样做呢？

写给妈妈的话

在童话《花的渴望》中，主人公小毛毛虫想离开大地，去一个离蓝天更近的地方。同伴们为了接近天空，纷纷踩着同伴的身体向上爬，结果形成了一个用身体垒成的塔，于是他也踏着同伴的身体，拼命地往塔尖上爬。但是，无论怎样用力都爬不上去，最后他放弃了努力，又回到了地面上。

后来，他听到一位老前辈说，如果自己做一个虫茧，在里面经过漫长的等待，最后就会变成一只蝴蝶，可以自由自在地飞向蓝天。于是小毛毛虫从正在拼命向上爬的同伴中脱离出来，开始为自己编织虫茧，经过漫长的等待，它终于破茧而出，成为有着一双美丽翅膀的蝴蝶，自由地遨翔在天空之中。

就像小毛毛虫破茧成蝶一样，是一个很漫长的过程，也是毛毛虫寻找自己翅膀所必须经历的时间。如果它选择放弃、踌躇不前，或者急于求成，将永远摆脱不了做虫子的宿命。

通过毛毛虫的经历，妈妈们应该明白其实孩子所蕴藏的力量远远超出了自己的想象。而现在有一些妈妈往往只看到孩子的一点表现，就妄下结论，急于求成。

人们在种树的时候，为了让树苗能够深深地扎根，会施一点肥料，然后等着树苗去适应土壤和肥料。如果给树苗一下子施很多化肥，即使是再好的肥料，树根也会整个烂掉。别说长大成材，连小树苗都会干枯而死。

所以妈妈们不要只看到孩子现在的样子，就产生不安与急躁。要相信孩子们的才能，多给孩子鼓励，更加耐心地去等待他们的蜕变。

"我的孩子英语非常好"、"我的孩子正在学钢琴"……经常会听见妈妈们谈论类似的话题。妈妈们总是认为让孩子学这学那才算是一个好妈妈，并且以孩子的多才多艺而感到满足。

但是这样做，究竟是为了孩子，还是为了满足自己呢？当然，世上所有的妈妈都会认为自己所做的事情都是为了孩子而不是为了自己。如果说她们把孩子当作"展示品"，她们一定会暴跳如雷的。

在妈妈的要求下，孩子们不得不做一些他们不喜欢的事。英语、数学，写作、计算机、美术、音乐……妈妈们恨不得每一样都让孩子学。现在的大部分孩子都多才多艺，可是却很少有孩子精通其中一门。

在与别人的比较中，所产生的受害意识逐渐转化成了"恨"。"要是我当初学习再努力一点……"、"如果当年我努力考取律师资格……"可是这个世界上是没有"后悔药"的。

在妈妈的眼里，年幼无知的孩子的前途尚未确定，妈妈可以将自己的理想在他们的身上得以延续。于是，孩子只剩下妈妈给他们选择的一条路了，那就是要过上令别人羡慕的生活，补偿现在的贫穷。不知不觉中，妈妈迷失了自己，也扼杀了孩子的自由成长。

妈妈们忘记了一个重要的事实，孩子们有自己的生活，他们有选择自己生活的权力。

很多年轻的妈妈往往错误地认为，不管什么，孩子只要认真去做就可以成功。因为现在孩子还不知道应该怎么做，所以应当由妈妈决定。实际上，这是一个很危险的想法。当然认真做事情是没有错误的，但是这件事情应当由孩子自己去选择、去决定。

在要求孩子做什么之前，一定要考虑这件事是孩子喜欢做的，还是不喜欢做的。不要自以为对孩子前程有好处而将自己的意愿强加给孩子。

同时，妈妈不要认为自己努力了就可以把孩子培养成多么优秀的人才。孩子的成长过程，不是拼图游戏，可以一块块尝试着去拼。如果妈妈一味地强迫孩子做不喜欢的事，孩子就会产生抵触情绪，最终的结局只能是妈妈心力憔悴，孩子疲惫不堪，而且妈妈和孩子之间的关系还会出现裂痕。

其实妈妈应尽的义务还远不止于此。在孩子面临未来的选择时，孩子应该有权力自己去选择。然而，有的妈妈觉得已经为孩子做得够多了，现在孩子应该按照妈妈的愿望去成长，相信每位妈妈都明白，妈妈和孩子之间不是"我给了你多少，你就要报答我多少"的等价交换关系。

　　妈妈不能代替孩子生活，同样，孩子也不能再给妈妈一次人生。妈妈有妈妈的生活，孩子有孩子的生活。

　　妈妈养育子女，就像培植一棵幼苗一样。要想让幼苗长成栋梁之才，需要有足够的养分、充足的阳光和适当的风雨。妈妈的作用就是当幼苗需要水时，给他们浇水；遇到风雨时，为他们抵挡。但是，幼苗不会按照人的想法想成为苹果树就成为苹果树，想成为梨树就成为梨树。孩子和幼苗一样，不会完全按照妈妈的想法去成长。

六、不受孩子欢迎的十种妈妈

中国传统的儒家理念说"儿不嫌母丑",妈妈付出了生养的辛劳,于是她就有权对孩子提出种种要求,而孩子只能无条件地接受妈妈的全部,不能对她的作为提出任何异议……今天,这一传统思维正在逐步被打破,事实是,连五六岁的孩子,也会纷纷以稚嫩的语言向妈妈提出要求。也就是说,今天做一个受欢迎的好妈妈,不只是做孩子的全职保姆和全天候家教就够了。一个年轻的妈妈,是一个善于洞察和了解孩子内心的真实需求、能够"与时俱进"的妈妈。

✎ 亲子故事

故事一：老问"阿姨亲,还是妈妈亲"的妈妈

随着就业竞争的加剧,把孩子的日常照看委托给保姆的妈妈越来越多,极端的例子是一周见不了孩子两天。当发现孩子在情感上依赖保姆,又不免妒火中烧。表现为当着孩子的面挑剔保姆的行为,或者要孩子作出选择:"是妈妈亲,还是阿姨亲?"有一位外企白领因为儿子过分"黏"保姆,接连换了四任保姆来争抢孩子的"情感所有权",结果弄得四岁的儿子变得特别胆小、怕黑,没有安全感。

故事二：总说不如隔壁小孩的妈妈

十个妈妈八个逃不出攀比的怪圈,从谁的孩子长得白、个儿高,到谁的孩

子会背唐诗宋词；从谁的孩子过了钢琴8级，到谁的孩子书法已赴日展览……妈妈们在一起咬完耳朵，回来看到自家怯懦平常的孩子，免不了急火攻心，絮絮叨叨。6岁的何童很不高兴他家楼上就有这么个"榜样"：早上六点半，楼上的小姑娘已经在唱英文歌；晚上十点钟，楼上的钢琴练习曲还在不厌其烦地奏响。同样是6岁，同样是大学老师的孩子，人家女儿怎么强过我家的儿子这许多？何童妈妈一面对儿子严加督促，一面止不住叹息：我要有个乖巧的女儿就好了。6岁的何童有一天终于将唠叨不休的妈妈彻底噎住："你想要楼上的王菁做女儿，我还想要楼上的王菁妈妈做妈妈呢，人家王菁妈妈比你漂亮，比你有学问！"何童妈妈的脸顿时变得煞白。

故事三：总说"这也不准，那也危险"的妈妈

生性敏感的妈妈特别容易就孩子的安全问题反复提醒、唠叨。6岁的萌萌就是一个典型的例子：如果妈妈没有下班，她从幼儿园回来只能跟保姆待在家中看电视，不能到大院里去"疯"。妈妈总是以报纸上拐卖儿童或看护不力导致儿童受伤致残的例子来吓唬她，久而久之，萌萌就变成彻彻底底的"电视儿童"，见了陌生的客人连招呼也不打，而是像老鼠一样蹿进小房间里，半天也不出来。

故事四：希望周围朋友都是优等生的妈妈

8岁的天奥这样描绘她的妈妈："妈妈总希望我的朋友都是十项全能的优等生，会弹钢琴、会游泳、会打羽毛球、绘画比赛也得过优胜奖……当妈妈发现我最好的朋友只是一个中等生时，她失望极了。"如果天奥长到15岁，她的妈妈仍没有改变的话，她会说："妈妈是个功利心太强的人，所以，我交了什么样的朋友都不会告诉她。"这种沟通大堵塞，难道是妈妈们期待的吗？

故事五：从不蹲下来和孩子一起看蚂蚁搬家的妈妈

一位台湾的畅销书作家说：女儿给了我又一次体验童心的机会。她号召妈妈蹲下身来，恢复儿童的本能，以儿童的视角看世界，"从儿童的视角看过去，这世界有更美妙的细节，这是我们成年人无法体会到的"。所以，不要讥笑某些妈妈与几岁的儿女一样穿卡通套头衫，伏在草丛里捉蚱蜢，或者为风筝的缠绕大呼

小叫，这都是童心未泯的表现。儿童心目中最无趣的妈妈，就是你唤她来看肥皂泡上的彩虹，或者来看搬家的蚂蚁军团，她瞄一眼，很淡漠地说："你怎么老关注这种没意思的东西？你的钢琴弹了没有？英语磁带听了没有？"

故事六：太喜欢看长篇电视肥皂剧的妈妈

9岁的蓓蓓说，她最讨厌妈妈看长篇肥皂剧，每部片子都长达40集到100集，妈妈一看上瘾就不跟她玩了："有一次我们去嘉年华主题游乐园，玩到晚上七点钟我还不肯走，妈妈就大发脾气。等我答应马上回家，妈妈又主动说要送我两个漂亮的陶瓷娃娃做礼物。我知道，妈妈转怒为喜，不过是她马上又可以回去看连续剧罢了。我真的很伤心，难道妈妈把看电视看得比我还重要？"蓓蓓说，她最开心的日子就是家里停电："上次停电两小时，妈妈不得不点蜡烛，教我们在墙上玩手影游戏。"蓓蓓从此希望"再停一次电"，令她失望的是，停电的机会却再也不来了。

故事七：绝对不肯吃一点点亏的妈妈

甘甜小朋友在幼儿园的活动课上，被后面的谢雨欣从滑梯上推下，擦破了额头。事后，老师们轮番找"肇事"的小雨欣谈话，又令她对甘甜道歉，雨欣父母知晓后又再三来探望甘甜，表示如果要上医院检查，一切费用由他们来付。本来也就是一场虚惊，甘甜头上贴了一片创可贴，已经止血止疼，结果，次日被前来接孩子的甘甜妈妈知道后，非要带孩子去医院做全身检查不可，对于甘甜"我跟雨欣是好朋友，我们已经和好了"、"我不想去医院打针"，甘甜妈妈横眉立目道："这个时候不检查，以后出了毛病谁负责？"又言，"摔了我的宝贝，就这样不声不响地完事啦？"

甘甜被妈妈拉着，去儿童医院转了半个楼，开了一大堆化验检查的单子，雨欣父母陪着，双方的态度愈来愈微妙。这其中的尴尬，连6岁的甘甜也看出来了，出门时，她终于低低地抱怨："妈妈你真丢人！"甘甜妈妈有些摸不着头脑：谁丢人啦？理不是在咱们这边吗？

故事八：讲话不算数的妈妈

事不过三，现在5岁的史小新已经不相信妈妈会带他去日本迪士尼乐园的承

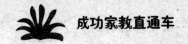
诺了，"妈妈是一个说话不算数的人"。由此，当妈妈生气于小新的某些作为，发誓要处罚他时，史小新也满脸的无所谓，"妈妈会忘记的，她连迪士尼乐园也没有带我去呢，怎么记得住这一礼拜都不让我看动画片？"

故事九：对朋友比对自己孩子还亲热的妈妈

在家中开过一次生日 party 后，5 岁的阳阳再不肯邀集同班小朋友来开圣诞 party 了，因为，"上次妈妈切蛋糕把最小的一块给了我"。"拍了三十几张照片，只给我拍了两张"。时隔几个月，阳阳提起妈妈的"不公平"，眼泪又在眼眶中打转。妈妈说，那是待客的礼貌，又说阳阳小气，是"小儿科科长"，阳阳竟捂着耳朵尖叫起来，"反正我再也不要人来家玩了，别的小孩子一来，人家就成了太阳，妈妈专门围着人家转……我讨厌妈妈！"

故事十：太胖的妈妈，或者，不修边幅的妈妈

4 岁的贝贝每天都要问一些奇怪的问题，比如她会问爸爸："妈妈这么胖，你为什么还要跟她结婚？"爸爸妈妈面面相觑，都不晓得这小丫头的鬼脑子里在想什么；又比如出门之前，贝贝会提醒妈妈："妈妈你为什么不搽口红，不染头发？你为什么总穿牛仔裤而不穿裙子？噢，我知道了，你一定是不想被人看到你的大胖腿。"妈妈羞得脸通红，背地里对爸爸说："是不是只有美女帅哥才配做贝贝的爸妈？我还没老，女儿居然就嫌我丑。"

写给妈妈的话

（一）再尽心尽力的保姆，都无法替代母亲在孩子成长中的作用。再忙的妈妈都应保证每天与孩子接触 45 分钟到一个小时，此时的妈妈应关掉手机，好好沉浸在孩子为你提供的纯真环境里。要知道亲子互动不仅使孩子得益，妈妈也是受益者——它令你体验卸下面具、本色示人的快乐。

（二）可以说，爱攀比的妈妈都有一颗望子成龙望女成凤的痴心，正是因

为沉湎在对儿女前程的不切实际的幻想中，她才会变成一个完美主义者。然而一面攀比一面打击孩子的习惯，从根本上说，是在慢慢毁掉孩子的自信心。要知道，孩子的成长动力，来自心理上不断作出的自我肯定，缺乏自信的小孩最终会变得底气皆无，碌碌无为。

此外，攀比造成的苛求也将使年幼的孩子失去安全感。4岁以下的孩子，如果总听妈妈说自己不如邻居及同事的某个小孩，心理压力会增大，会有被抛弃的恐慌。而当孩子渐渐长大，意识到自己再不合妈妈的意，妈妈都无法抛弃自己时，向上的动力也会消失，这个时候孩子就会变得疲沓，任何批评都无法触动他。甚至，他会反讽自己的妈妈"不如某某同学的妈妈漂亮有学问"。此时，作为妈妈，你将如何面对这一尴尬的局面？

（三）在为孩子提供过度保护的妈妈眼里，孩子缺乏本能的自我保护能力，需要父母撑起保护伞亦步亦趋。她不会想到她的言行，给孩子造成"世界处处是陷阱"的错觉，最终将使孩子拥有相当极端的性格，一是性情封闭内向，怯懦无比，甚至出现交流障碍；二是部分孩子长成后很可能成为胆大妄为的青少年，你越是说那是禁果，他越觉得可能那是美味。这就相当危险。

因此，与其过度保护，不如规定几条基本的原则，或让孩子懂得自我保护的几点要诀后，大胆放手，让孩子在尽可能大的活动范围内尽心体验自由。

（四）功利心较强的妈妈都希望孩子能交到"榜样朋友"，认为只有交到的朋友强于孩子，孩子才能从朋友处有所获得。这样去理解"朋友"二字未免过于狭窄，想一想你交往的朋友都在学历或仕途上强于你吗？一个好朋友，可能是以他的善解人意、诙谐风趣打动我们，孩子也一样。

（五）童心已泯的妈妈往往得不到孩子的真心奖赏——往往是你跟孩子趴在草丛里玩累了以后，孩子会带你去看一个他的"秘密花园"，一个只有他和几个小伙伴知道的地方。他们，常常来这里互诉烦恼和心事。他把妈妈带到这里，表明他已将你视作最贴心的"哥们"，他愿意对你说一说"私房话"了。与孩子在一起尽兴玩耍，是做妈妈的打开孩子心扉的重要途径，就像阿里巴巴的山洞一样，你念对"咒语"，孩子的心门才会訇然而开。

（六）超级电视迷妈妈总以为自己在家待的时间够长，对孩子的起居照料也够多，然而，除此之外呢？妈妈对着电视度过居家的分分秒秒，对孩子而言，她等于人在心不在。因此，专家的建议是：一家人每周至少应设置两天"关电视日"，一家人共同阅读、交谈或游戏；平日开电视时，最好只开一台电视机。妈妈应选择电视节目和孩子一起看，也可以带孩子看马戏、魔术、音乐类的电视，与孩子交流对电视节目的看法，从而把看电视的活动演化为亲子沟通的平台。

（七）在我们抱怨现在的孩子越来越以自我为中心、越来越不懂得"宽忍"二字的时候，我们先要检讨自己：作为妈妈，我们给予孩子"有容乃大"的身教了吗？很多妈妈，从小教育孩子要"寸土不让"，要"得理不饶人"，从根本上说，是将"敢于竞争"与利益上的争抢相混淆了。这样教育出来的孩子，很可能是缺乏团队协作精神的孩子，将来即便有一技之长，因为人刻薄自私，也很难获得团队的认可，最终也难有大的出息。为何不对孩子间的些微摩擦一笑了之？放手由孩子自己去处理伙伴间的矛盾，对其未来的人际交往能力，将有莫大的益处。

（八）连五六岁的孩子也会尖锐地指出妈妈不守信用，那么，我为什么要守信用？总是打"承诺牌"的妈妈，其出发点都没错，是希望给孩子进步增添一点物质刺激，使之有动力。然而，妈妈为自己的"爽约"寻找各种理由，却使承诺带来的正面刺激一步步走向消失。

假若妈妈总是为自己的"爽约"寻找客观理由，那么，孩子将来也会为自己做不到的事寻找各种借口，而不从自身寻找原因，从不道歉及反省自我。这是一种什么样的后果？

（九）把最亲的妈妈视为自己的"专利品"，不允许妈妈对别人表现出亲密（包括爸爸），是幼童的特有心理，这种"霸道"的心态，事实上是幼童心理上构筑安全感的一种方式，妈妈不必为此感到过分忧虑。过了2岁到5岁这一阶段，从6岁起，随着儿童交往圈的扩大及情感寄托的多元化，他会逐渐学会与身边的人分享妈妈的关怀，他的妒意，也不会如小时那么强烈了。

（十）儿童的认知还未成熟到要"透过现象看本质"，所以"以貌取人"是他们的拿手好戏，儿童普遍希望妈妈有卷曲的长发、穿裙子、化淡妆，被小伙伴们称羡，这与儿童对妈妈的感情无关。所以，不妨对孩子的挑剔一笑了之，碰上你心情好，也可以征询他们的意见："你希望妈妈穿什么颜色的裙子？"或者"妈妈喝减肥茶也可以，但很可能没有力气抱你，你乐意吗？"如果你有度量按照孩子的意愿改变自己，亲子之间的气氛会更融洽，孩子反过来也可能按照爸妈的意愿，来改变自己的习惯。这不是坏事。

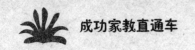

七、爱孩子，就做70分的"懒妈妈"

做妈妈有三种境界，第一种是忙于育儿之术，第二种是长于育儿之术，第三种是精于育儿之术。随着境界的不断提升，妈妈从"育儿工"上升到了"育儿专家"。

忙碌的育儿工作，让年轻的妈妈们投入了百分百的精力，疲惫之余，却仍感力不从心，收效甚微。可见100分的勤快妈妈不一定就能得到100分的结果。与其这样，倒不如给自己喘口气，放个小假，偷个小懒，做不了100分的勤快妈妈，那就换个角色，做一个70分的"懒"妈妈，也许还会有意外的收获。

✎ 亲子故事

故事一：以"懒"的名义教育之"懒"有"懒"福

肖筠儿子出生后，立即成了全家人的宝。爷爷、奶奶、外公、外婆四个人围着小家伙一个人转：儿子要喝奶，奶奶拿奶粉，爷爷拿奶瓶，外公倒水，外婆拿毛巾！那个忙碌劲，不亚于太后用膳。肖筠明白，教育孩子不能过分迁就他。但是，面对老人的高度热情，肖筠无法将这一理念落实。

宝宝两岁时，什么都想抢着干，爷爷奶奶虽然很高兴，但总是一个劲地说："宝宝还小，宝宝还小！奶奶来做！"就这样，小家伙的做事热情就中途夭折了。

过年的时候，老人都回老家了，这下肖筠可就没有了后顾之忧，决定将"懒"进行到底——

儿子想吃饼干，嚷着要肖筠去拿。肖筠说："你自己去，妈妈也累了。"他不肯，我们僵持着，最终他还是妥协了，自己跑去拿饼干。

肖筠一家三口逛街回来，累了，肖筠和孩子爸爸躺到床上，对宝宝说："我们累了，休息一会儿，你要是不休息就到客厅看会儿电视吧。"儿子不高兴，可我们都闭上了眼睛，他想了想，就走出了房间，还没忘帮我们把房间门关上。肖筠和老公相视一笑，肖筠悄悄地爬起来，跟在他后面看。小家伙打开冰箱，拿了酸奶，打开电视，一个人坐在沙发上，有模有样地看起来。

在肖筠的"漠视"下，儿子一个春节竟学会了穿脱衣裤，拿筷子吃饭，自己收拾玩具，这让肖筠惊喜不已。

待老人过年回来时，看到宝贝孙子可以为他们"服务"了，高兴得不得了！有的时候，他们习惯性地想要代劳，孩子还会以"宝宝长大了，我自己能行！"来拒绝。公公婆婆暗地里对老公说："看你的懒媳妇，连儿子都不会带，什么都让他自己来，这么小的孩子，他能受得了吗？"但肖筠庆幸，正因为我的"懒"，造就了一个爱劳动的儿子。

故事二：以"懒"的名义教育之"懒"的恰到好处

褚云天生就是一个懒人。这一点毋庸置疑。

一个勤劳的妈妈可能会被人们尊为模范，而一个懒惰的妈妈则会被人们瞧不起。可是，褚云觉得，一个勤快妈妈养育出来的孩子可能会很懒——因为妈妈太勤快了，宝宝什么也不用干，什么都没学会；而一个懒妈妈的孩子可能正好相反。关键在于妈妈什么时候该勤，什么时候该懒。

周末，褚云一家人坐在一起看电视，褚云想喝水了，又不想动，于是喊一声："宝宝，给妈妈倒杯水来！"宝宝倒完水，褚云马上表扬："宝宝真懂事，从小就知道孝敬妈妈！"宝宝很得意，又问爸爸想要喝水吗，奶奶需要喝水吗，把全家服务个遍。

也许这一幕在勤快妈妈眼里是万万使不得的，她们怕孩子会打坏水杯，会烫伤皮肉，于是自己再累也不肯停下来歇一歇，事事不求人。慢慢地，宝宝会觉得妈妈就像超人，永远不知疲倦，她不需要别人的帮助，自己一伸手说不定还添乱、挨骂，于是乐得让妈妈去做。

褚云常常说的口头语是："我女儿真能干，比妈妈小时候强多啦。"这种激将法很灵，女儿现在十分能干，褚云也落得个轻松自在。现在褚云一有头疼脑热就嚷嚷，还会让女儿端茶送水、拿吃的；如果腰酸背痛，更会"通告"，让女儿帮忙按摩几下。即便是女儿什么都不做，眼巴巴地守在褚云身边，最起码也能感受到女儿细小的担忧和关怀，这比那些药物更有效！

故事三：以"懒"的名义教育之因为"懒"而长大

母亲在焦阳家小住，最后被"气"走了。临走丢下一句话："没见过你这样的懒妈妈，你这样对待孩子，我看不下去！"母亲秉承了传统的育儿观念：觉得做妈妈的就应该把时间花在孩子身上，宝宝的时间就是妈妈的时间。而焦阳则整天忙自己的工作，很少有时间陪宝宝，在宝宝很小的时候，焦阳就让他单独睡一个房间，自己学习叠被子穿衣服了。

晚上，焦阳和宝宝各占书房一隅，焦阳写稿子，宝宝看书。有时候，宝宝过来缠焦阳，焦阳总会说："妈妈很忙，等事情做完，我会给你讲故事，现在是我们各自的时间。"

有一次，单位领导让焦阳去高校进修。可一想到要去外地度过三个月，焦阳心里还是对儿子放不下。临走前，焦阳要加个班，儿子的分享阅读班又临时把课调整到星期天，这下，焦阳只好带着儿子去上班。焦阳以为儿子肯定会"大闹天宫"，没想到儿子却出奇的省事，只是不停地问这问那，当儿子看到焦阳忙着备课、改作业时，儿子递给焦阳一块糖说："妈妈，原来你不懒啊。"

回家的路上，焦阳告诉儿子妈妈爱这份工作就像他爱画画，喜欢奥特曼一样，告诉他，妈妈想去进修是好让自己工作得更出色，就像他要不停地吃饭学习让自己快快长大。

儿子听懂了，主动伸出小拇指："拉勾勾，妈妈加油。你要天天给我打电话，我们一起长大。"

现在，焦阳工作的时候，儿子再也不来缠了，他乖乖地做着自己的事情。有困难也会自己主动想办法去解决。他还是分享阅读班上最棒的小朋友，老师的评价是：自理能力强。

写给妈妈的话

三位妈妈的描述是否也让你对闲懒的育儿生活心生向往？当有一天你也想尝试做一位"懒"妈妈时，请记住，"懒"有"懒"法，切不可急功近利、盲目随行。

（一）身懒心不懒

做"懒"妈妈绝不是为了享轻闲、图自在，而是用心良苦。通过谈话、讲故事等方式，使孩子知道"自己的事情自己做"的道理。宝宝的未来要靠自己去开创，独立的生活能力是一个人生存和发展的基本前提。而这种能力不是天生的，是从小培养和锻炼出来的。妈妈如果将孩子的一切都包办，等于剥夺了孩子认识世界、锻炼自我的机会。做个"懒"妈妈是为孩子着想，对孩子的成长负责。

其实，做懒妈妈一点也不容易。让孩子自己做事，在许多情况下，不但不能省力，反而更加麻烦。宝宝与大人分床，夜里就要多次起来给他盖被；宝宝自己吃饭，撒得到处都是，就得洗衣、擦桌、拖地板；孩子自己洗的袜子、手绢不干净，就得重洗一遍；孩子自己洗澡，搞得"水漫金山"，还得收拾半天，当然没有自己直接包办更为快捷方便，省心省力。但这却是促成宝宝成长的好契机。

（二）互相表达爱

爱是相互的，宝宝需要爱，妈妈当然也需要。宝宝生活优越，全然不知道妈妈工作的辛苦和感觉，怎么可能知道爸爸妈妈也需要爱呢？

默默奉献的妈妈，也要学会时常偷偷懒。周末的早上，不妨睡一个懒觉，冲着宝宝发发牢骚："妈妈真辛苦啊，为了你，妈妈少睡了好多个懒觉。"

妈妈有自己的工作和生活空间，自己偷偷懒，其实就是给了宝宝培养独立能力的机会，他才不会把妈妈的付出看成理所当然。妈妈不能用100分的标准来给自己打分，衣食住行是孩子自己的事，妈妈不是"全职保姆"！

当然，缺失的爱可能会让宝宝不适应，产生情绪。那妈妈一定要时常把爱说出口，让孩子扭转"妈妈不爱我了"的稚嫩想法。

（三）多信任少埋怨

有很多勤快妈妈什么事都想替宝宝做，但做的时候却很不情愿，一边做一边责怪宝宝："你怎么什么都不会做？妈妈像你这么大的时候都能上街打酱油了。"要不就历数："你看谁谁真聪明，还会自己吃饭呢"……事情没做完，宝宝早就被数落得垂头丧气，信心全无，更不用说放手让宝宝自己去做又会衍生出多少牢骚。

宝宝的年纪尚小，出现失误再所难免，请不要用大人的准则去限制他，相信你的宝贝，他有自己的问题处理方案。多给宝宝鼓励和表扬，少点指责和埋怨，宝宝就会多点信心和满足。

八、可以不成功，不能不成长

　　杨澜认为，孩子一定要有成长的意愿。成长和发生在身上的事情不同，所以杨澜不觉得做神童有什么好，也不要求孩子哪方面必须要有特别突出的成就，但她衷心希望孩子做一个快乐的人，也能给别人带去快乐。为此，杨澜身体力行，努力培养孩子具有几种习惯和品性：爱好运动、慈悲为怀、善于表达和富有幽默感。

✎ 亲子故事

　　1996 年，杨澜在美国生下儿子；2000 年 10 月 20 日，杨澜在上海又喜得一个六斤多重的小女儿，圆了她想要"美国儿子中国女儿"的妈妈梦。因为工作缘故，杨澜不能时时陪在孩子身边，不过在孩子成长的关键时期，杨澜都在他们身边。两个小家伙出生后的前几个月，杨澜坚持用母乳喂养；孩子出生后的几年时间里，杨澜也一直自己带他们。虽然有点辛苦，可杨澜觉得很值。

　　杨澜至今记得儿子一岁多时的一个情景。那是儿子出生后，杨澜第一次比较长时间地出差，要离开儿子五天。那天回家时，杨澜发现儿子脸上的表情特别丰富，先是把脸转过去，憋了半天之后才委屈得哭出了声，最后把杨澜的眼泪也带出来了。

　　儿子当初这个无比丰富的表情，重重地定格在杨澜的心里，她意识到孩子幼小时期不能离开母亲；三岁前，孩子最需要的是安全感，如果不小心造成了损失，以后会很难弥补。后来，她下定决心扔下所有工作，命令自己在家做了整整一年的"全职妈妈"。

儿子小时候，杨澜在给他讲完上帝和所罗门的故事后问："如果上帝只能给你一件礼物，你要什么？"当然，故事中的所罗门要的是智慧，可儿子回答说，他希望世界上所有的小朋友都健康……杨澜万分惊喜地夸儿子："你比所罗门还厉害！"

有一次，儿子在学校和班里一个不守规则的同学发生了争执，结果引来了重拳回击。儿子悄悄地把那位同学拉进厕所"私了"：两人先是打了一架，打累了，儿子道歉说自己当初劝告方式不对，但本意是为维护班级的荣誉，因此请同学谅解，最后两人握手言和……当儿子把这件事告诉妈妈时，杨澜大加赞扬了一番，赞扬他能独立解决矛盾而不是动不动就向老师告状。杨澜说，和孩子讨论他们关心的事情，其实是妈妈最应该集中精神认真对待的，因为这往往是教给孩子做人的道理的最佳时机。

写给妈妈的话

如今，有些年轻妈妈把培养"神童"作为宝宝的早教目标，而一些妈妈虽希望让孩子拥有快乐自由的童年，却不懂如何着手。

作为一位妈妈，最大的任务就是要培养孩子健康的人格和思维方式。语文、数学这些知识老师可以教，但孩子如何面对挫折、如何面对嫉妒、如何融入一个陌生的环境，这都需要妈妈去教他。身心的健康是起码的，也是最关键的。让孩子可以没有障碍地和别人交流，对任何事情都以开朗活泼的态度处理，这种性格的培养对他一生都很重要。

一位心理专家说过："无论你多么小心，你的孩子都会留下一些心灵创伤。"做妈妈不要太紧张，也不要对孩子有太多苛求，很多情况下，父母和孩子是一种最自然的关系，重要的是如何把自己变得更好。

妈妈确实不是万能的，但至少可以做到这条——面对孩子的每一件小事，都不马虎、不敷衍，比如每次出差，都要在出发前极其详细地告知孩子：会去很久，什么时间回家，上午还是下午，吃过晚饭还是深夜……

第二章
变成孩子的 "镜子"

　　其实孩子有属于自己的天地，他们对任何事物都感到好奇，充满了幻想，好游戏，爱提问题。但是，许多妈妈让孩子"规规矩矩"，总想把孩子变成"小大人"，这种脱离年龄特点的教育很容易造成两代人的隔阂，大多数都是失败的。回想一段自己小时候的经历，摘掉年龄的光环，把自己想成孩子的玩伴。只有这样，孩子才能向你敞开心扉。妈妈才能真正的融入孩子的世界，与孩子共同成长，分享孩子童年的快乐。

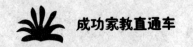
一、聊天是妈妈和孩子的"精神脐带"

很多年轻的妈妈都有这样的困惑：孩子小的时候很依赖妈妈、特别听妈妈的话，可是现在孩子慢慢变得逆反、不听话，一回家不是投入爸爸妈妈的怀抱，而是先打开电视看动画片、抱着平板电脑玩游戏。为什么自己和孩子的距离越来越远了，感觉快把孩子"弄丢"了？

的确，外面的世界对孩子的诱惑很大，电视、网络、商家，时时刻刻和我们争夺着孩子的思想和欲望。妈妈要想不"丢失"自己的孩子，就必须和孩子之间建立互相联系的"精神脐带"，不断地给孩子输送母爱的滋养。通过聊天，妈妈可以向孩子传递浓浓的亲情，可以走进孩子的内心世界，与孩子成为永久的朋友。妈妈要尽早养成和孩子聊天的习惯，学会用孩子的眼睛去观察、用孩子的心灵去感受，用充满关爱的聊天陪伴孩子成长。

✎ 亲子故事

一次，朵朵妈妈去接朵朵，看到每个教室里都有一些孩子围着老师叽叽喳喳地聊着。她以为是老师在布置作业，没想到老师和孩子们聊的内容都是孩子们之间的事：周末想去哪里玩、哪个卡通人物最可爱、上学路上有什么奇特的见闻……看见老师和孩子们聊得那么投入、那么热烈，朵朵妈妈被深深地感动了。从此，她改变了以前和朵朵的聊天内容，开始关注朵朵感兴趣的点滴小事。

有一天，朵朵从学校回来后，显得闷闷不乐，和妈妈诉苦说老师不公平：一个同学给另一个同学起外号，她觉得好笑，就笑出了声，没想到老师却严厉地批评了她和起外号的同学。朵朵妈妈听完后让她想一想：如果自己被别人起外号，旁边还有人在笑，你对发笑的同学会有什么印象？就这件事，母女俩聊了很久，最后朵朵说很不喜欢在旁边发笑的人，还说以后再也不会那样做了。

写给妈妈的话

很多年轻的妈妈会奇怪，"聊天"还有用？在她们看来，聊天是"闲事"，只有教孩子识字、算术才是"正经事"，才是真正的教育。其实，识字、算术原本是孩子自己的事，只要孩子教育好了，他就会如饥似渴地学习，根本不用过分地下工夫去教。殊不知，人们常常忽略的、以为是闲事的"聊天"其实是很好的教育手段。

通过和孩子聊天，妈妈的爱可以及时地传递给孩子，并深深地在孩子心里扎根。孩子会对妈妈产生沟通和交流的依赖，"亲其师才能信其道"，这样对孩子的教育才会产生效果。妈妈如果能保持和孩子聊天的习惯，孩子会很开朗、很聪明，反之，孩子不仅性格内向，有时还会出现心理障碍。

要想真正地了解孩子，妈妈还应注重聊天的艺术：要做到互相尊重、互相激活；不能居高临下、强制和训斥；要把教育目的隐藏在聊天的过程中，不着痕迹；不能先入为主，预先贴标签。如果妈妈养成与孩子聊天的习惯，就会建立起一条通向孩子精神世界的绿色通道，和孩子成为永久的好朋友，孩子也更愿意接受家长的教诲。

因此，妈妈养成和孩子聊天的习惯，不仅能使孩子从妈妈不同的经历、不同的性格、不同的性别中得到充分的教育，还能使妈妈和孩子之间建立起深厚的亲情，稳固家庭成员之间的关系。妈妈应充分了解与孩子聊天的意义，并通过聊天给予孩子润物细无声的爱和支持，促进孩子的健康成长。

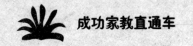

二、孩子最讨厌哪种交流方式呢

妈妈对待孩子，要像对待成人一样，不要有一点错就总是板着脸指责他，而是应该委婉地指出来，尽量避免伤害他的自尊心。

✎ 亲子故事

故事一：唠叨型

妈妈早早地起来，一边收拾房间，一边为小华准备早餐。6:30，牛奶、鸡蛋、面包准时端上桌。这一切整理完毕后，妈妈就开始一遍一遍地叫小华起床。一直到快 7:00 了，小华才懒洋洋地起来。胡乱刷刷牙，抹两把脸，当小华坐到饭桌前用最快的速度对付着这顿早餐时，妈妈就开始在他的房间帮他叠被子，收拾凌乱的衣服、物品，嘴里还不停地唠叨着："看看你，老是把哪儿都弄得乱七八糟，让人跟在你屁股后面收拾。每天让你起床都得喊破嗓子才动，你看看饭都凉了，总吃凉饭，还这么狼吞虎咽的，胃要坏的，还得给你看病去，天天说都没用。要是我一叫你就早点起来，不是就不用这么紧张，也不会老是迟到挨批评了……"

妈妈还在唠叨，小华对妈妈的话充耳不闻，只顾把吃的、喝的填进肚子，用手背抹抹嘴，抓起妈妈早已为他放到客厅沙发上的书包，转身就往外走。妈妈追在他身后喊着："着什么急呀，就吃这么几口呀，一上午的课呢，会饿的。唉，上学的东西都带齐了吗，别又落点儿什么，每天都得让人提醒……"

故事二：迁移型

下午放学回家后，张欣拿回家一张问卷调查表，她说这是学校发给家长们填的。其中有一项问题是"您是否常拿孩子和别人的孩子比"。看到这里，张欣就对妈妈说："老师说了希望各位家长都能如实回答问题。"于是妈妈就填了"经常"，张欣就问妈妈："妈妈，你为什么总爱拿我和别的孩子比啊？"妈妈脱口而出："不比你怎么进步？"

第二天，张欣把班里的调查结果拿回来给妈妈看。班里一共有 60 名同学的家长填写了问卷调查表。根据表上显示：有 53 名家长都经常拿自己的孩子和别人的比，而有 50 名同学都对家长的这一习惯表示非常反感。有一个学生还在问卷上写道："我无语了，为什么他们非要拿我跟其他优秀的孩子比呢？一定要比其他的孩子都好吗？我真的很痛苦！"

妈妈们也许早已经习惯了拿自己的孩子和别人的比，我们先不讨论这种做法的错与对，但是有一点是绝对的：孩子们不喜欢妈妈们的这种做法。妈妈们应该知道，当你拿别人当镜子时，你就看不清自己的真面目，这样容易使你生活在别人的影子里，容易失去自我，你将会永远跟着别人走。

俗话说："人往高处走，水往低处流。"妈妈们在拿自己孩子和别的孩子比的时候，肯定是和优秀的孩子比的。这样比，就看不到自己孩子的进步，就对自己孩子不满意。不满意就唠叨，一唠叨孩子就烦，孩子一烦就容易出现逆反心理，一逆反就厌学……这都是"比"惹的祸。所以妈妈们应该反省一下自己，看看自己的孩子，其实他也是很优秀的，他每天都在进步：当他今天在语文课上受到老师的表扬，当他了解了一段历史知识，当他今天对嗅碳卫星有所了解时，他就是在进步！只是妈妈被这种"比"蒙住了双眼，就算孩子努力了，进步了，她也看不到、感觉不到。这种做法是非常可怕的，只会让孩子越来越厌学！妈妈们多倾听一下孩子的想法吧！如果你做到了把"和别人的孩子比"变成孩子"自己和自己比"，你就一定能看到孩子的进步！

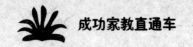

故事三：提审型

一天，妈妈下班回到家，看到厨房洒了一地牛奶，火一下子就上来了，这时候皮皮回来，"是不是你弄洒了牛奶？平日里就说你丢三落四的，从来也不改。你看看，牛奶洒了一地，你怎么不收拾就去上学了。以后再这样，我饶不了你……"

"是我洒的。"皮皮看到妈妈气成那样，不但没有害怕，反而不紧不慢地承认后，自顾自地回房间去了。

妈妈正生气，爸爸开门回来了。"你看看你儿子干的好事，把牛奶洒了，也不收拾一下，弄得满地都是……"

"怎么是儿子干的啊，是早上被猫弄洒的，我赶着上班，没来得及收拾，也忘记打个电话告诉你了。"

"啊，那他为什么承认啊？"妈妈被弄糊涂了。

她迫不及待地来到儿子的房间问："皮皮，不是你弄洒的牛奶，你为什么承认啊？"

"嘿嘿，嘿嘿……"这一笑，让妈妈感到很受刺激，"因为妈妈生气的时候最可爱。"听到这里，妈妈心里咯噔一下……

故事四：揭丑型

王林的孩子今年上初一，在小学时也是非常聪明乖巧的孩子，学习成绩一般，不说是尖子，但也不算很坏，因此王林从来也没有为孩子的学习多费过心，别人也都夸她的孩子聪明懂事，嘴也甜。这一点一直让王林非常的骄傲和自豪。可是孩子上初中后，学习成绩却开始一落千丈，而且逆反心理严重。

去年一年的周末可以说是没有一天快快乐乐过，家里经常充满火药味。孩子英语不及格的时候，王林就急着找好几位家教为他补课，结果一学期花了4000多元，英语成绩还是照样不及格。王林很着急，怎么说孩子就是不听，你说东，他就偏要西走，母子俩总是话不投机半句多。说不了两句就会吵起来，那一段时间做妈妈的王林非常的痛苦，不知道该怎么办，对孩子说话也非常尖刻。

有次王林当着孩子的面说：人家怎么养那么好的孩子，每次考试都那么好，我怎么养了个这么笨的孩子？孩子脑袋反应特别快。立即回了王林一句说：我怎么遇见了这么笨的妈妈，人家妈妈都是当经理的，你是干什么的？王林当时张口无言。后来王林仔细反思，孩子的问题到底出在什么地方。或许是自己对孩子的态度出了问题，细细想来，自己对孩子的态度真的是越来越差。于是王林决定改正自己的态度。对孩子永远保持温和的态度。无论孩子做什么，王林总是用耐心温和的态度对待孩子。

三个月过去了，奇迹出现了，孩子和王林都发生了很大的变化，孩子不再和王林作对了，有什么事情还会主动地请教她，也知道关心人了，逆反情绪也不那么严重了。星期天王林去值班时，孩子还会嘱咐她说：妈妈，你放心去吧，我在家会管住我自己，路上要小心。写作业也比以前认真了，也知道努力上进了，每次周末回家都会和家教配合完成物理、数学等科目的学习。

又过了一段时间，孩子的成绩真的提高了不少，连老师都惊叹孩子进步如此之快，这时候王林才知道温和教育的好处，现在孩子学习优异又成了妈妈的骄傲。

写给妈妈的话

（一）某个道理，孩子明明已经晓得，可妈妈仍然絮絮叨叨说个没完。从心理学上讲，这种絮叨是一种重复刺激，会在大脑皮层上产生保护性抑制。你说得越多，他越听不进去，甚至还会冲撞你。

有的年轻妈妈可能会这么认为：把孩子当一个成人，委婉地给他指出缺点，他能改吗？若有这份觉悟，他还叫什么孩子！

其实相反，妈妈越是尊重孩子，孩子就会越自尊，越是自尊，他就越会注意修正自己的言行，以更加赢得别人的尊重。因此，委婉地指出孩子的缺点反而会比赤裸裸的训斥效果好得多。

（二）很多年轻妈妈都有把别人身上出现的不良倾向和坏事，不分青红皂白地迁移到自己孩子身上的通病。这与青少年富有上进心和好胜心相悖，从而把孩子的感情推向对立面。

妈妈将自己生活、工作上碰到的挫折，转移到小孩身上，不高兴或者是心情恶劣、烦躁时，不管小孩做的对不对、好不好都大声斥责，结果挫折了孩子的自尊心，也容易造成亲子关系恶化。

有时候你提出很好的建议小孩不接受，一般的妈妈就会大发雷霆。其实，你应该考虑一下你的建议对于小孩来说是否合适。不妨换一个角度，从小孩的角度去想一想。一般的妈妈都喜欢逛商场，但小孩子不一定喜欢，为什么？

（三）有的年轻妈妈刚发现一些苗头性现象，便大惊小怪地把孩子喊到别处"单独审问"，根据主观臆断，把可能性说成现实性。这样孩子会因为你言过其实和妄加推测而大为恼火。

妈妈要善于宽容孩子的错误，孩子的成长过程是他们不断修正错误的过程。

身为妈妈，总免不了有时候会责备孩子。这个时候，最重要的是要将事情本身与做事情的人分开，这样，你的孩子会知道自己做了一件不好的事，但这并不意味着自己是个不好的人。

（四）对于确实有过错的孩子，有些妈妈喜欢在吃饭时训话，或当着同学、亲友的面数落。这样做会挫伤孩子希望保密、谅解和宽恕的心情，产生破罐子破摔的思想。

三、孩子五种"高危性格"需警惕

3~6 岁，通常被人称为"潮湿的水泥"期，这是孩子性格塑造最重要的阶段，孩子 85%~90% 的性格、理想和生活方式都是在这段时间形成的。俗话说 3 岁看大，7 岁看老。人的很多性情在很小时候，就初见端倪了。年轻的妈妈希望自己的孩子成为一个快乐、自信、受欢迎的人。只不过这些特质不会因为妈妈的"希望"就会出现，更多情况下，是需要妈妈关注和进行培养的。

✎ 亲子故事

故事一：娇弱惹人怜的敏感性格

娇娇，名如其人，忸怩羞涩地躲在妈妈的身后，紧紧拽着妈妈的衣角，探着半个小脑袋看着初次见面的陌生人。妈妈努力挣脱开她的牵拉，想促使她主动与陌生人打招呼，但这立刻使她非常紧张，整个人躲在了妈妈的身后。无奈的妈妈只好一边解释"这个孩子就是这个样，特别胆小"，一边又转身再次用力把娇娇拖到自己的面前来，"出来啊，怕什么！"可是就是在这样一个过程中，娇娇低声委屈地哭了起来……

"不要怕，胆子大点"是妈妈对娇娇的殷切希望，可这何尝不是娇娇自己的希望呢！但是在很多场合下，娇娇会经常地、自然地表现出一种紧张不安、退缩，这是她的一种性格倾向，所表现出来的典型特征就是：

1. 对外界环境表现出异常的敏感，外界稍微有变化就使她紧张与不安。

2. 人际交往的能力比较差，喜欢独自安静地玩一些自己比较熟悉的游戏。

3. 行为比较缓慢退缩；情绪比较平静。

4. 依赖性高，不愿意表达自己的要求。

故事二：胆大迫人的冒险性格

强强突然看到了放在书架中的一件玻璃制品，已经对玩具很厌倦的他，立刻跟妈妈要："我要玩，我要那个老虎，我要……"妈妈立刻给强强打开了电视中卡通片，想转移强强的注意力，可是在这个短暂的过程中，她发现强强已经爬到了沙发的靠背上，强强正在摇摇晃晃地想站起来……恐怖的后果，使妈妈只好自己将玻璃老虎递给了强强，但一会儿，妈妈就听见了强强用力把玻璃老虎投向墙壁的声音……

强强总是使当妈妈的神经绷得紧紧的，一会儿他可能去触摸饮水机的开关，一会儿他又可能爬窗台……虽然强强的额头已经被摔出了大疤，屁股也多次被爸爸教训，但他还是在不停地惹麻烦，去做一些很危险的事情……

其实强强属于一种冒险型性格，这种性格的典型特征是：

1. 总是处于一种兴奋的情绪状态，习惯性地动手去摸摸东西，用脚去踢踢周围的物品。

2. 按自己的想法去行动，从不考虑后果，也记不住以前得到的教训。

3. 喜欢攻击、侵犯他人，逆反心理比较强。

故事三：特别"乖"的冷漠性格

蒙蒙的妈妈一直感到很庆幸，自己家的蒙蒙特别的乖。吃饭穿衣蒙蒙也任大人的摆布；客人往来，妈妈出门，蒙蒙也不会在意……但是，当蒙蒙进入托儿所之后，表现的与其他小朋友有些疏远，总是一个人躲在角落，受到小朋友的欺负也不会还手；对老师的表扬不去争取，对老师的批评也似乎不在意……

蒙蒙的乖使妈妈放松了对蒙蒙的关注，从而使蒙蒙有更多的时间一个人自得其乐，而对外界环境的变化很少给予关注，养成了一种对外界环境冷漠而不敏感的性格倾向。这种性格倾向的典型特征是：

1. 对外界环境极少表现出普通孩子的兴趣，无论发生了什么事情，无论开心与否，他都没有明显的反应。

2. 比较温顺，行为和生活却很有规律。

3. 很少能明确地表达自己的情绪需要。

4. 没有表现出有固定的亲密依恋的人。

故事四：冲动使人累的多动儿

巍巍，一个让幼儿园老师既喜欢又头痛的孩子，喜欢他是因为他的聪明可爱，对他"头痛"是因为他的"无规则纪律"。他总是喜欢动个不停，不是去捉弄其他的小朋友，就是突然把自己刚搭拼好的积木向地上一推，或者他就仅仅是在班级内走来走去，就是不能安静坐一会儿。当然这样来形容他也有一些不妥，因为在他喜欢的卡通片之前，巍巍可以安静地坐半个小时，但除此之外，似乎很难找到其他的"法宝"能使巍巍静静地坐一会儿……

巍巍虽然能够在喜欢的卡通片前"坐下来"，但是在大多数的时间和场合他却"坐不定"，这说明他是一个具有多动倾向的孩子，他具有一定的冲动的性格偏差，这种性格的典型特征是：

1. 喜欢做的事情有很多，但很难将精力集中于某一件事情，喜欢的事情也只有三分钟的热度。

2. 精力充沛，行为多动，但有的时候能偶尔专注于感兴趣的事情上，虽然时间极短。

故事五：执拗遭人恼的倔强儿

乐乐，人虽然小但是脾气却很大，一旦他自己认准的事情，他就会倔到底地坚持。前面妈妈答应周末带乐乐去动物园，到了周末因为天下雨，所以妈妈就取消了计划。可是乐乐却不依不饶，一直坐在门口哭，"我要去动物园……动物园……"

乐乐执拗的行为从中反映出他的一种倔强的性格偏向，这种性格所表现出来

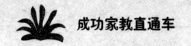

的典型特征是：

1. 在涉及乐乐自己的一些事情上，如果父母征求他的意见，无论对于这件事情他是否理解，他都会给出他自己的要求和意见。

2. 任性，重复坚持自己的意见。打骂对他没有明显效果。

写给妈妈的话

（一）面对娇娇的胆小与敏感，脾气急躁的妈妈常常控制不住自己而发脾气，但是妈妈的急躁越发使娇娇变得胆小，而不能真正地帮助娇娇成长。

克服性格偏差是一个比较缓慢的过程，在这个过程中，妈妈可能也需要从以下几个方面作出新的调整：

1. 娇娇在接触和适应新的环境的过程中，需要妈妈前期陪伴，在娇娇渐渐熟悉的基础上，妈妈有意识地让娇娇表现自己。例如娇娇要进幼儿园了，妈妈可以先提前带娇娇去幼儿园中玩几次。进入幼儿园之后，妈妈可以陪娇娇在班级中玩一会儿再离开，使娇娇对新的环境有一个逐渐熟悉的过程。

2. 设置"最近发展区"的任务，激发娇娇内在的能力。所谓最近发展区，是指娇娇目前没有达到但是经过自己的努力而可以达到的一种发展水平。例如娇娇目前不愿意和陌生人打招呼，妈妈可以引导娇娇拉着妈妈的手而转到前面来。

（二）强强的这种冒险性格偏向，迫使爸爸妈妈软硬兼施，爸爸以巴掌"狠心"地教训了强强多次，妈妈也一直不断地以"乖宝宝"利诱，但仍不能使强强发生改变。那怎么办呢？

1. 营造安静平和的家庭气氛，减少或杜绝一些暴力刺激的来源，使强强在一种平和安静的气氛中能静心从事一些阅读或手工制作类的活动，从而减少他冒险行为的可能性。

2. 对强强的行为活动设定规则，并坚决按照这种规则来约束强强的要求与行为。例如对一些摆设类的物品，只能观赏而不能拿来做玩具，这种规则之下，妈妈和强强之间没有任何的协商或者条件交换。无论强强怎样的要求，采取怎样的冒险行为，妈妈都不能允许他拿这一物品。这样才能使强强意识到冒险行为并不一定会让自己得到满足，学会放弃。

3．对强强的冒险性格偏向，妈妈可以先从外部控制他冲动的情绪，再渐渐让他学会自我控制，而不能因为强强的行为引发自己的消极情绪，从而造成对强强更进一步的消极暗示。

（三）在一个强调情商的社会中，蒙蒙的冷漠、不敏感可能会影响到他将来的发展，因此，妈妈及早意识到这一点很重要，可及早采取措施来帮助蒙蒙改变这种冷漠的性格偏向。具体来说，妈妈可以采取的措施有：

1．减少蒙蒙一个人独处或者单独和玩具在一起的时间。爸爸妈妈要多多陪伴蒙蒙，多与蒙蒙交流自己的感受，少批评蒙蒙，帮助蒙蒙打开自己的心扉，安全地表达自己的情感需求。

2．爸爸妈妈可以多创造机会帮助蒙蒙交一些同伴朋友，使蒙蒙能在与他人玩耍的过程中，学会人际交往，学会主动表达自我，体验游戏的乐趣，理解他人的感受。爸爸妈妈可以多带蒙蒙外出，通过环境的改变、新奇刺激游乐活动的出现等方式，激发蒙蒙对外界环境的兴趣。

3．爸爸妈妈可以指导蒙蒙喂养小动物，从而激发蒙蒙的爱心以及责任心。

（四）对于巍巍的这种性格偏差，妈妈在帮助巍巍的时候，可以注意以下几个方面：

1．从环境入手，减少环境中新奇多样的刺激与诱惑，使巍巍能够在熟悉的环境中比较自然地，安静地从事目的明确的活动。

2．设立目标，培养巍巍的耐性。例如，根据巍巍在活动过程中坚持的时间不同而给予不同程度的奖励。

3．父母要对巍巍活动的过程多加关注，而减少对巍巍活动的结果关注，树立巍巍对活动本身的内在兴趣，从而使父母对巍巍活动的外部控制转换成巍巍自身对活动的内在约束。

（五）对乐乐这种任性，爸爸妈妈在处理的过程中应该注意以下几个方面：

1. 关注孩子内心真正的需要。当孩子坚持自己的无理要求时，或许他的目的是想引起父母的关注。

2. 当孩子任性的时候，父母不要以自己的"任性"来对抗孩子的任性。必要时不妨适当"让步"，首先使孩子的内心得到满足，再教育他学会承担自己的行为所带来的后果，避免类似行为的再一次发生。

3. 父母也可在日常生活中多启发孩子学会多角度解决问题，增加孩子思维的灵活性以及解决问题的灵活性。

四、孩子不快乐，妈妈能读懂吗

孩子的不快乐，向来都不是孩子一个人的问题，即使孩子不想上学、迷恋网吧，也都是以孩子牺牲自己的成长为代价向妈妈作出的警示。然而，大部分年轻的妈妈读不出孩子这些症状背后的意义，从而导致孩子的问题在妈妈的"关照"中逐渐严重，孩子为此付出惨重代价。

✎ 亲子故事

杨女士的儿子今年已经5岁了，他的性格让人捉摸不透，平时很乖，喜欢画画、唱歌等，而且会把认真画好的作品给妈妈看，妈妈夸奖他，孩子就会很高兴，也很遵守家里的规则，比较听话。

但是，家里只要一有客人他就捣起乱来。上个月，他姐姐过生日，小朋友们都过来玩，可是没想到的是儿子在朋友送礼物的时候把生日蛋糕给捣坏了，这让生日的气氛异常沉闷，姐姐很是难过。

一个广州的亲戚到家里玩，彼此很热情地拉拉家常，儿子却高声地唱歌，杨女士让他别唱了，他就不吭声了，可是没过一会儿就在地上打滚，说亲戚们买来的水果把肚子吃坏了，弄得大家都不好意思。儿子总是在人多的时候出问题。杨女士真的不知道该如何是好！

其实孩子之所以会有这样的举动，主要原因就在于他不想被大人冷落。但是由于自己的语言表达能力不强，所以才有了上面的一些捣乱的举动。面对这种情

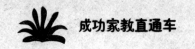

况，有的时候妈妈不妨多安慰一下孩子，照顾一下他的心理感受就可以了。

写给妈妈的话

孩子不快乐时，就像身体不舒服时一样，都会有信号的。孩子不快乐时，多会发出各种各样的信号以引起妈妈注意，比如多动（因生理引起的多动除外）、注意力不集中是典型的要引起妈妈注意的行为症状。妈妈大多时候会把问题直接推向孩子，责怪孩子不听话，自控力不强，甚至认为孩子有病，带孩子去吃药。当妈妈用了这样的方式来面对这些孩子时，孩子的行为症状得到妈妈的"大力支持"而快速发展，有时会转变为其他症状。

小孩在成长过程中，需求被关注，也是一种情感和安全感的需求。他会采取积极的自我表现来引起大人的关注，从认可和称赞中获取自尊和自信。

妈妈应该做的是：认真听完孩子的话，这不仅是在对孩子进行平等做人、平等对待别人、平等对待自己的教育，也是走进孩子心灵的有效手段，然而做孩子忠实的倾听者，是需要付出时间和耐心的。作为孩子的妈妈，只有真正换位思考，对孩子的诉说才会认真听下去，才能产生交流中的互动。如果没等孩子说完两句话，就不耐烦了，那就会伤了孩子的自尊心，对孩子的发展起到不利的作用。

因此，作为一个称职的妈妈应学会倾听，乐于倾听，善于捕捉到孩子的弦外之音，能真正学会从孩子的倾诉中真切地感受和把握孩子的喜怒哀乐。真正了解孩子在想些什么，要求什么，希望什么。真正领会孩子的思想意图，分享孩子的快乐，真诚地为孩子的进步而高兴，为孩子的成功而喝彩。有效地用妈妈的体贴去化解孩子的烦恼，营造出温馨家庭环境。赢得与孩子的真诚友谊。

妈妈们都想保护孩子，以免他们失望、受挫或与别人发生冲突，但妈妈们不能将孩子永远地置于自己的保护之下。妈妈能够做的就是帮助孩子处理不愉快经历的感受。通过与妈妈共同分担不愉快的感受，孩子会减少伤害和压力，同时也逐渐增强对自己情绪的控制能力。那么，怎样才能更好地倾听孩子的弦外之音呢？下面介绍的几种方法，不妨作为妈妈的参考：

（一）在倾听中培养孩子的成功感

当孩子见到了美好的事物，他会兴奋地告诉妈妈，这时，妈妈要认真地欣赏，并用眼神告诉孩子你在认真倾听；当孩子讲了一个幼稚的故事，我们也要耐心地听完，哪怕他已经向你讲过好几遍，同时鼓励孩子更出色地讲述，让他感到自己语言的魅力；当孩子受了委屈向你倾诉，你不要不耐烦，要让他说完，让他宣泄，让他感到你重视他。

（二）接受并尊重孩子的感受

孩子向妈妈诉说时，妈妈应安静、专心地倾听，但不给予评判。妈妈不必接受孩子的所有行为表现，而只是接受他们的感受。例如，孩子告诉妈妈他对小伙伴的行为有多生气。但妈妈不能允许孩子通过嘲弄或打人来表达他的气愤。

（三）引导和帮助孩子把话说完

随着孩子的生活经历日渐丰富，交往面日渐扩大，他想说的也就越来越多，但他掌握的词汇和语句还很有限，因而往往语言不完整，不丰富，甚至不准确。妈妈在听的时候就需要帮助他们扩充词汇、加长句子，引导其完整地、丰富地、准确地运用语言进行表达。这样，既维持了孩子原来的意思，又引导了孩子，日子久了，孩子便能学会讲述完整的话。

（四）给妈妈看的小哲理

倾听是一种乐趣，当你对同事之间的勾心斗角感到厌倦时，当你对成年人之间的自私、冷漠感到无奈时，当你对工作压力感到惶恐时，倾听孩子的话语，会让你疲惫的身心得到安抚，听听孩子在幼儿园或学校里的趣事，一天的烦恼很快就抛到九霄云外去了，你被孩子带进了一个真善美的世界。

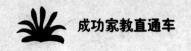

五、读懂孩子愤怒先找"导火线"

脾气越大，调节能力越小，暴躁是一种虚怯的表现。婴儿一出生，就经常大声哭闹，手脚乱动，这种孩子容易形成暴躁的性格。但是大多数孩子脾气暴躁是后天形成的。在独生子女中，这种现象更为普遍一些。

从心理学角度来看，乱发脾气是儿童意志薄弱、缺乏自控能力的表现。这样的孩子想要什么就得给什么，想干什么就干什么，稍不如意就马上开始大哭大闹，冲父母、他人发脾气。

✎ 亲子故事

凯伦夫妇最近被儿子安的坏脾气折磨得头疼死了。安仅仅6岁，脾气却暴躁得厉害，稍不如意就大发雷霆，大喊大叫。即使跟他讲道理，他也听不进去，如果父母不按照他说的去做的话，他就一直吵闹、哭喊，在地上打滚，手里有什么东西都会顺手扔出去。

为此，凯伦夫妇想尽了办法，他们打他、苦口婆心地教诲、罚他站墙角、赶他早点上床、责骂他、呵斥他、给他讲道理……这些都不管用，一有事情，安还是会大发雷霆，暴躁脾气依然如故。

一天晚上，一家人正在看电视，安突然想起要吃冰激凌。已经很晚了，商店都关了门，爸爸妈妈试图跟他解释，劝说他明天再吃。然而，安的脾气又上来了，他躺在地上大声叫喊，用头撞地，用手到处乱抓，用脚踹所有够得着的东西……

爸爸妈妈被气得不知道该说什么，他们努力克制自己的火气，暂时没有任何语言和动作。

安已经叫喊半天了，他奇怪地发现，居然没有人理他。于是，他又重新按他刚才的"表演"闹了一番。这次爸爸妈妈知道怎么做了。他们坐了下来，静静地看着儿子，没有任何语言和动作。

安不服气地又开始了第三次"表演"，然而爸爸妈妈还是没有任何表示。最后，安大概也觉得自己趴在地上哭叫实在太傻了。他自己爬了起来，哭累了回房间睡觉去了。

从此，安再也不朝别人乱发脾气，他乱发脾气的习惯因为没有得到强化而自然消失了。造成孩子好发脾气的原因很多，溺爱是重要原因之一。

写给妈妈的话

（一）孩子的愤怒掩盖着内心深处的伤痛

愤怒的孩子看起来气势汹汹，其实他的内心是惊恐不安和悲伤的。一件很小的事会使他感到自己受到了严重威胁，而且他除了奋起反抗外别无选择。他也感到孤独，认为没有人帮助他，所有的人都想伤害他。孩子天生是渴求温情和友善的。如果你看到一个孩子狂暴地打他的亲人，你可以认定他正处于极度的痛苦中。他是以这种狂暴的方式引起父母和亲人的注意：他受到了伤害，需要帮助。

孩子悲伤的时候，哭泣可以排除他们的悲伤。孩子害怕的时候，哭泣、发抖和出汗可以消除他们的恐惧。孩子遭受挫折的时候，发过脾气之后他们能够重新感受生活的美好。但是，当孩子愤怒的时候，却没有明确的、与生俱来的康复途径可循。妈妈必须学会靠近惊恐而又充满痛苦的孩子。一旦学会如何靠近愤怒的孩子，妈妈就可以帮助孩子摆脱造成他们愤怒的主要原因——恐惧和痛苦。

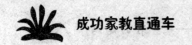

（二）孩子的怒气通常掩盖着某些可怕的经历

当孩子感到处境危险，或经常独自一人、无人做伴，或见到别人受到伤害，都会强烈地感到恐惧。在这个时候，由于过度惊恐或为恐惧所压倒，他们几乎无法抗争。他们会退缩，发呆，或默不作声以求逃生。这些骇人的时刻会使孩子留下深深的印记。在脱离危险后很久，他们仍会感到恐惧。他们的恐惧既来自于那件他们所遇到的可怕的事物，也来自在那次遭遇中自己陷入完全被动的处境的体验。

很小的不快可能会触发孩子很久以前的经历留下的恐惧感。尽管此刻他并未面对严重威胁，他的行为正如那次一样，因感到孤独和惊恐作出自卫的反应，他愤怒。有时实际的威胁并不存在，愤怒的孩子有时是在与一个不存在的敌手争斗，昔日的恐惧仍然缠绕着他。

此时，告诉孩子没有必要紧张是毫无效果的。有效的方法是伴在他身边，帮助他处理他的恐惧和悲伤。

（三）孩子的愤怒有时可能是针对着不公平

有时，由于我们或其他成年人未能善待孩子，孩子有充分的理由感到气愤。有自信心的年轻人受到委屈时，他们会迅速、强烈、高声地抗议，但并不想伤害任何人。他们的目的是要人倾听并争得公正。

当孩子觉得自己或自己所关心的人受到了委屈，他会很愤怒。妈妈最好的反应就是任由他的愤怒爆发出来，听他说些什么，看他是不是有道理。如果愤怒的人得到倾听并得知有切实的补救方法，事情就会迅速了结，情绪也随之归于平静。

六、小心孩子压抑时的七种信号

我们往往认为孩子生活得很轻松，他们所担心的无非是哪天出去玩，妈妈会不会买自己喜欢喝的果汁。我们似乎从未意识到成长也可能如此艰辛——对于成年人而言，如果错过一顿饭，不过是过后再吃罢了，但是，对一个依赖别人给他食物的婴儿，延误吃饭时间却会是对身心的双重折磨。

✎ 亲子故事

故事一：

小嘉初到幼儿园时，妈妈带他走进活动室，老师向他打招呼问好，他不仅不回答，反而报以敌视的眼神，随后扭头就往外跑。好不容易被他妈妈拉回来，他却像疯了似的乱踢乱跳，大哭大闹。接下来的一段时间里，老师发现他非常孤僻、离群，不愿意参加集体活动，上课从来不肯回答问题，下课也不和小朋友玩，还伴有攻击性行为。

有一次玩积木，小嘉莫名其妙地打了一个小朋友，当老师批评他以后，他却一下子钻到桌子底下，大叫着用积木敲自己的头，以后，老师发现他常常这样无法控制自己的行为。无论和蔼的话语还是严厉的批评都对他无济于事，一遇到不顺心的事情，他就发脾气、打人，有时搅得整个班级都不能正常上课，活动。

故事二：

毛毛是一位三年级的女学生，她长着一对会说话的大眼睛，头发黄黄的，稍

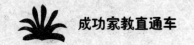
稍有些卷曲，成绩上游，中等智商，非常腼腆，性格内向，在人面前不苟言笑，上课从不主动举手发言，老师提问时总是低头回答，声音听不清，脸蛋涨得通红。下课除了上厕所外，总是静静地坐在自己的座位上发呆，老师叫她去和同学玩，她会冲你勉强笑一下，仍坐着不动。平时总是把自己关在房里，不和同学玩。遇到节假日，父母叫她，去别人家做客，她都不去，连外婆家也不去。

故事三：

真真的父母都是知识分子，而且只有一个独生女儿，对女儿的教育非常严格，真真从小就养成了不爱出门的习惯。真真的父母很爱干净，其他小朋友到她家来玩，假如把屋子弄乱了，他们会很不高兴，并告诉真真，下次不要把小朋友带到家里来。由此，真真的朋友变得越来越少，她也越来越不喜欢与小朋友交往。等真真稍大一点后，父母又常对她说，外面很乱，坏人多，做什么事都要小心，经常叮嘱她晚上不要外出。一天晚上，她上完自习，独自一个人回家，发现在一个小巷子里，几个男青年正围着一个女孩纠缠。父母的叮嘱顿时变成了她亲眼目睹的事实。她吓得魂不守舍，拼命地跑回家。经过很长一段时间这种恐怖的感觉才慢慢消失。恐怖的意识虽然消失了，但恐怖的痕迹还是存在。每当真真看见异性，就会产生莫名的恐惧，在惶恐、矛盾、徘徊中，她渐渐把自己封闭起来了。

写给妈妈的话

现在孩子的健康对妈妈来说无比重要，不管是生理上还是心理上。妈妈要小心下面孩子抑郁的七种信号，以保证他的身心健康。

（一）不安的睡眠

夜晚对孩子来讲是很难度过的。把婴儿或咿呀学语的孩子和他们的父母分开，他们会很自然地感到焦虑。如果你的孩子长期失眠，那一定是有什么事情在困扰着他。在睡觉前和你的孩子聊天，给他一个机会说出心里话，有可能会改善他的睡眠。

（二）拒绝吃饭

很多专家提醒家长注意孩子的饮食。如果出现厌食，往往是孩子们的情绪出了问题，家长应认真对待。如果对此忽视，就有可能发展成饮食规律紊乱。作为父母此时千万不要强迫你的孩子吃饭，而是应该经常改变饭菜的种类，鼓励孩子帮你做饭，帮你准备他们爱吃的饭菜。如果他在饮食方面的不良倾向持续很长时间或体重减轻很多，应及时看医生。

（三）疾病反复

如果你的孩子叫嚷肚子痛或头痛，但又没有任何外在的症状，那么他可能就是精神紧张。曾经有一个父母正在闹离婚的孩子表现得非常焦虑，他不断去校医务室检查，说自己头痛，校医束手无策，于是请心理医生会诊。心理医生了解到孩子家里的恶劣家庭关系时，终于找到病因。

（四）攻击性行为

每个人都知道咿呀学语的孩子也会发脾气，但这些行为总是古怪的。语言能力有限的儿童，减轻压力的唯一方式就是咬、激怒或欺负他的玩伴。造成这种行为的原因虽然和电视上的暴力情景不无关系，但孩子的愤怒更可能源于心情压抑。这就是说，你应该尽量少一点地告诉他做什么以及如何做，否则只能增加他的压力。因为孩子需要无忧无虑的玩耍，做自己想做的事。

（五）过度忧虑

孩子看到电视里飓风灾难的报道后害怕飓风是情理之中的事。同样，学生害怕临近的考试也是正常的。但如果她们害怕所有的人和事就不正常了，他们越感到软弱无助，害怕的东西就越多。

（六）说谎和欺骗

5岁左右的学龄前儿童有时会撒谎，但他们通常并不知道他们行为的后果。大一点的孩子在已经能够分清真假的情况下也会撒谎，这大多数是因为他们受到很多的压力。如果你的孩子听到你吹嘘自己停车没付费，或撒谎以避开工作会议，你要小心自己在树立坏榜样。最好把诚实的重要性和说谎的后果讲给孩子听。如果说谎已成了他的一种习惯，你就应该带他去看心理医生了。

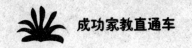

七、你了解孩子的心理世界吗

爱默生曾说过："被了解是件奢侈品。"的确如此。孩子需要被了解，并且是朋友般的了解，妈妈只有把他们当作自己的朋友，才会为他们所接受。否则，你就无法和孩子建立起健全的关系。只有建立了朋友的关系，才能有彼此之间充满信任感的沟通。

✎ 亲子故事

从前有一个国王，他的王子总是幻想着自己是土耳其人。所以自己应当赤裸着身体，蹲在餐桌下面，捡饭渣吃。

王子每天都是这样，可急坏了国王。他请遍了国内所有的医生，结果没有一个能帮助他的儿子。一天，有个智者来到国王面前，主动要求帮助这个孩子。

那个人脱光衣服，和国王的儿子一起蹲在餐桌下面。当王子问他为什么蹲在桌子下面时，那个智慧的人笑着回答说："因为我是一个土耳其人。"

"我也是一个土耳其人。"国王的儿子说。

就这样，两个人光着身子在餐桌下面蹲了好几天，彼此慢慢熟识起来。

有一天，智者让人扔几件衬衫下来。

"你是不是觉得土耳其人不能穿衬衫？"智者问王子，"土耳其人当然能穿衬衫，一个土耳其人是不能根据其是否穿衬衫来判断的。"于是两个人穿好衬衫。几天以后，那个智者让人扔几条裤子下来。"你是不是认为穿裤子的人不是土耳其人？"他问王子。王子回答："当然不是，一个土耳其人是不能根据其是否穿裤子来判断的。"于是两个人都穿上了裤子。那个智者继续这么做。直到两人都穿得整整齐齐。

然后他让放些食物在餐桌上。"你是否觉得，如果吃好东西就不是土耳其人？"智者又问王子。"当然不是。"王子回答。于是他们就一起吃起来。

最后，智者说："你认为一个土耳其人必须整天蹲在桌子下面吗？你知道，坐在餐桌旁仍是一个土耳其人，这是完全可能的。"于是，那个智者就这样一步一步地把男孩带回到现实世界中来。

写给妈妈的话

有的时候，孩子在想什么我们根本不知道，当他们有了异样的举动，妈妈们就开始不知所措，干着急就是不知道怎样才能帮助孩子转危为安。这时候我们不妨学学那位智者，先了解一下孩子在想什么，他更需要什么，然后慢慢地扭转他们的思路，把他们从幻想的世界里拉回到现实中来。这说起来简单，做起来却是艰难的。妈妈这时候应该忘记自己的年龄，把自己和孩子放在同一水平上，慢慢地去接近孩子的心灵。

要知道做妈妈是很不容易的。想成为一名成功的妈妈就更不容易了，它需要我们为孩子付出不懈的努力，才能把自己的孩子培养成一个行为得体、彬彬有礼、品格端正的好孩子。相信孩子，同时也相信自己。我们首先要明白什么是对孩子有益的事情，而什么样的行为是不可取的。

其实，孩子是需要和妈妈沟通的，只有这样，他的心结才会打开，他的心情才会放松。既然如此，了解孩子的想法就可以帮助他们找到成功的钥匙，让他们的生活少一点黑暗，多一些阳光；少一份忧郁，多一些快乐。

每个妈妈都在为自己的孩子操心，每个妈妈都希望孩子像自己期望的那样成长。但是很多妈妈却忽略了孩子是有思想的，时刻了解他们在想什么，这个问题非常重要，它关系到孩子的健康和前程。

孩子有自己独特的心理，他们渴望自己能被父母理解。然而在绝大多数父母的观念中，儿童就是小孩子，是"尚未变成大人的人"，于是高高在上地看待孩子，因此很多时候无法真正进入孩子的心灵世界，甚至于存在着与童心世界相隔离的心理障碍，经常发生剥夺童心、童趣的事情。例如：不许弄湿鞋袜、不许玩泥沙、不许上树等，认为玩耍是浪费时光；强行安排孩子的课余时间，如：加做家长的作业、练书法、学弹琴等，没有孩子自由支配的时间。

然而不管妈妈认可与否，游戏是孩子抒发情感、认识世界的主导活动之一。也许孩子的许多言行、举止、乐趣和嗜好，在大人眼中是荒唐可笑的，难以理解的，但是在孩子心中却是美妙的，是他们的天堂和乐园。孩子通过自由游戏获得感性知识，接触世界，观察世界，开发了智力和创造力。在自由游戏中，他们渐渐明白了人怎样和自然界打交道，劳动怎样改变世界，自己应怎样接触世界。不管是做什么，如搓泥巴、挖沙子、绘画、做玩具、过家家、垒房子等，孩子的双手灵巧性受到锻炼，四肢的运动促使了大脑最富创造性区域的开发。如果认为孩子会越玩越野而横加阻拦，试图缚其手脚，那么会对孩子的心理造成伤害。

正确的做法是：只在孩子玩耍入迷或出格时，教育他们注意安全和卫生，诱导他们将兴趣转移到高雅、益智的游戏上，而不应粗暴地干涉、严厉训斥甚至拳脚相加。

幼儿时期，不要过多地进行抽象思维的教育，如：识字、背古诗等，只能用孩子的感性认识所能接受的形式来指导孩子认识世界。通过讲童话故事，以及绘画、唱歌来引导孩子认识大自然和社会，培养幼儿的感性认识能力，使他们能在自由游戏中冲破框框，表现新事物。孩子总是要长大的，总得走进成人世界，只是我们不妨"悠"着点，当孩子还徜徉在童年世界时，妈妈不必急于催赶，不要拔苗助长，应让他们多享受一些童年的欢乐时光。

八、如何Hold住孩子的反抗期

孩子会说"不"开始，他们进入了人生的第一个反抗期，按照过去的理论，大多数孩子会在两岁开始叛逆，甚至在英语里有一个专门词组：the terrible twos，用来形容这个"可怕的两岁"，根据新的数据，现在孩子们的叛逆已经提前到一岁半。

不管是一岁半还是两岁，总之，进入这个阶段的孩子确实有些让人头疼。

✎ 亲子故事

壮壮在一岁零八个月的一天，试探着说了一句"不好"，重复了几遍后，壮壮似乎觉得这句话无比美妙，于是嘴上整天挂着"不好"。

"穿衣服吧？""不好！"

"尿尿去吧？""不好！"

"睡觉吧？""不好！"

壮壮妈妈恶作剧地来了一句："不好。"壮壮想都没想就说"不好！"愣了几秒钟后，有点不好意思地笑了。

小区里和壮壮前后脚出生的孩子有七八个。当他们陆续进入两岁，突然之间变得问题多多。有的一夜之间从腼腆小生变成暴力小子，打、砸、抢，样样无师自通，小朋友见之，四散逃窜；有的原本听话乖巧，让叫阿姨就叫，却突然间变得死不张口；有的不好好吃饭，不好好睡觉，把个"不"字当口头禅……总之，让全家人头痛，软硬兼施，无所适从。

写给妈妈的话

年轻的妈妈应该如何应对反抗期宝宝？

（一）不要发脾气，那没用

经常见到的场景是，妈妈越发脾气，孩子越不听指挥，僵持一番后，还是妈妈屈服。一个比较好的方法就是，实在难以遏制自己的愤怒时，不妨冷处理一下，跟叛逆期的孩子不要针尖对麦芒。

（二）不要骤然叫停

叫停的结果是，他们一定会用大哭大闹，甚至撒泼打滚来对抗。我觉得比较好的办法是提前告知，而不是突然禁止做某事。

（三）孩子没有时间概念

不要和孩子说还剩多久，因为两三岁的孩子没有时间概念，类似于数数的做法至少是有效的，等到孩子能够体会时间长短后，再去培养他们的时间观念不迟。

（四）任何时候都不要恐吓孩子

妈妈希望用吓唬来让他们惧怕的做法非常值得商榷。无法兑现的惩罚，就跟无法兑现的奖励一样，不可轻易许人。

（五）不要在孩子面前撒谎，哪怕是善意的

诚实是非常高贵的品质，我们在教育孩子要讲诚信的时候，必须先做到"言必行，行必果"。妈妈的实际行动比讲多少次"狼来了"都要管用。

（六）用选择代替服从

如果简单命令孩子无效，不妨试试让他们做做选择题，既能增强他们的主动性，又不会削弱我们的影响力。

（七）不要过分强调错误

孩子犯错误未必都是故意的，也许会有种种原因，我们当一一辨识，该指导就指导，该批评就批评，需要注意的是，无论用什么方法都不要过分强调这个错误。

（八）在保证安全的前提下，偶尔让孩子吃吃亏

妈妈确实需要看护好孩子，但从另一个角度看，如果每次都是我们替他们辨别，他们未必真正明白危险的所在。在加强监控、保证安全的情况下，可以让孩子吃吃亏。

（九）因势利导会卓有成效

蒙台梭利曾经说，当我们给孩子提供必要的物质条件后，唯一要做的工作就是等着他们长大。等候长大，肯定不是无所作为，只是顺应他们成长的规律。

（十）避免孩子无谓的哭泣，但孩子哭了也不要怕

孩子的哭是一种语言，传递很多信息，其中有一种是不满，为什么会不满？家长跟孩子的很多冲突来自于没弄明白他们到底想要什么，所以我们首先要做的是，尽量地读懂他们。

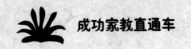
九、青春期，和孩子一起完成蜕变

青春期，是一个美妙的时期，幼稚的个体从懵懂年少到日渐成熟，从依附无助到独立自主。

青春期也是个充满起伏的挑战时期，成长中会出现不可预期的烦恼，对他人目光的敏感，对评价的在乎……种种困惑组合成了五味俱全的青春岁月。妈妈该如何与孩子一道顺利度过青春期呢？

✎ 亲子故事

孩子在青春期的教育，是很多家长都很头疼的一件事。身为两个孩子的母亲，天后王菲在教育孩子方面也碰到了难题。

大女儿窦靖童今年15岁，正处于青春叛逆期。现在的个性似乎越来越像王菲，有性格，自己的事情喜欢自己做主。虽然王菲平日里总是一副淡定模样，但是看到女儿越大越不好管教，有点慌了手脚。

在我们的记忆中，窦靖童经常穿着运动服，留着短发，举手投足之间就像个"假小子"。

那天，嫣然天使慈善晚宴于北京举行，已经15岁的窦靖童以一身成熟女造型走过红毯，也着实让人吃了一惊。

童童很小就跟着妈妈一起生活，对妈妈也比较依赖，学习成绩非常好。而且她从小很独立，上下学、购买文具都不需要父母陪同。

作为家里的大女儿，她还很懂事，和妹妹出门，都会主动照顾妹妹，还会帮妹妹挡记者镜头。

之前，童童独自到上海读书，她觉得得到了大解脱，转校不久即被曝与男同学结伴上夜店。

随着青春期的到来，窦靖童情窦初开了。童童之前被王菲安排到上海读寄宿学校就是因为她在北京和一个男同学恋爱。

如今，王菲又让童童回北京念书，还严禁女儿有性感的打扮，更限定每天放学后30分钟内要返回到家中。

觉得委屈的童童只好在微博上用英文诉心声，翻译过来大意是：人生在你年轻的时候，往往都是受着限制，你永远也不能为自己想住在哪里，想做些什么而作决定。青春带来快乐，有时，当你未能与某个人一起时就会带来苦痛……但我猜，时间会将这份痛楚治愈。

写给妈妈的话

孩子好像在一夜之间长成了大人，不再撒娇，不再轻易请求你的帮助，不再开口闭口就"我妈说"；对你的循循善诱，她们显得那么不屑，听你的谆谆教诲，她们会脱口而出"又来了！"；她们不再想哭就哭，想笑就笑，而是摆出一副酷酷的表情；你以为她真的没有了喜怒哀乐，可是，有一天你却发现她在独自偷偷流泪……

孩子的成长，何尝不是妈妈的成长？孩子经历青春期，总是让我们联想起蝴蝶破茧而出的过程，正如罗大佑的一首歌中所唱，"就像蝴蝶必定经过蛹的挣扎，才会有对翅膀坚强如画"。青春期的孩子在自我冲突中不断长大，青春期孩子的妈妈们也在关于孩子问题的一个个挑战中成长。只要用心思考和学习，终有一天，妈妈将和孩子一起完成蜕变！

（一）多了解孩子。真正了解孩子的想法，才能采取正确的教育方法。

（二）学习教育知识。时代在进步，教育孩子的方法也要与时俱进。

（三）耐心倾听。妈妈不要太急功近利，孩子一做错事就破口大骂，尝试多一分耐心，认真倾听。

（四）真正放下身段。不要以妈妈的权威去威慑孩子，应该放下身段。

（五）让孩子去体验。如果小孩老是不听妈妈的话，可以让孩子自己体会"自食恶果"的滋味。

（六）像朋友一样，真诚对待。不要老用指责或命令式的语气，如果能做到像朋友一样交流，就能更好地引导孩子。

第三章
做孩子的 "指南针"

很多妈妈在教育孩子的过程中，常常会处于浅尝辄止，或者虎头蛇尾的境地，也就是说在教育孩子的某一件事上，教不到位。而教不到位，就会让孩子产生依赖、懒惰、反复犯错等问题，影响孩子的身心健康。因此，在教育孩子的过程中，既然要教，就一定要教到位，既不能把孩子带往错误、不良的问题之中，也不能对孩子的习惯和缺点不闻不问，只有教到位了，孩子才能真正健康发展！

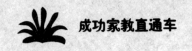
一、五大家教"矛盾"养出迷惘孩子

家庭教育中，有些年轻妈妈往往"重口不重心"，对于孩子的教育总是纸上谈兵，可是一到实际行动上来，就出现了矛盾，这样会让孩子无所适从，不知道怎样让自己去适应妈妈的教育。

一位教育工作者说："矛盾的家庭教育与矛盾的孩子，这个问题在今天应引起每个家庭的高度重视。"的确，如今不少妈妈在言教、身教等方面所表现出来的种种矛盾化的教育，极容易使孩子形成多重人格。孩子们在成长中如果接受了矛盾的人生观、价值观教育，必将搅乱他们幼嫩的心智。怎样面对这些矛盾并正确处理这些矛盾，是值得我们认真思考的。

✎ 亲子故事

故事一：做人上，"言教"与"身教"的矛盾

东东要吃东西，妈妈不许。东东说："那你怎么什么时候想吃就吃呢？"妈妈被噎回去了。

妈妈和东东玩游戏，妈妈玩不好，东东说："你真是笨蛋！"妈妈大怒，斥责东东无礼。东东说："你昨天还骂我笨蛋呢！你净骂我，我为什么不能骂你？"妈妈语塞。

故事二：生活上，"穷教"与"富教"的矛盾

天津市河北区 9 岁的小斌正在上小学三年级，家庭经济状况一般，父母月工资加起来不到 4000 元。但父母很宠小斌，他想要什么东西都尽量满足。今年快过年时，小斌告诉父母，他想买一套名牌运动装和运动鞋，说自己好几个同学都有。小斌的父母到商场一看，这些东西加起来要 2000 多元，有点舍不得。小斌不高兴了，接连两天不好好吃饭。父母心疼儿子，咬咬牙给小斌买了。小斌还想要一件新羽绒服，父母答应他一发奖金就给他买。

一项对河南郑州 406 名中小学生进行的调查显示，约 70% 的学生称自己对勤俭的认识主要来自老师，表示勤俭教育主要来自家长的学生只有 22%。此外，几乎所有的学生都不知道袜子破了还有哪些用途；在外就餐时，87% 的学生没有提醒过家人打包。

故事三：教育方式上，"放纵"与"专横"的矛盾

14 岁的小彦身高近 1.7 米，看上去很漂亮，比同龄女孩成熟。2 月 17 日，在河南郑州搏强学校拓展训练基地，已经步行了 30 多公里的她仍然精力充沛。

小彦和别的参加培训的学生不太一样，她除了有网瘾外，还对"暴力和打打杀杀的事"很着迷。据老师介绍，小彦的成绩不错，还学过跆拳道，甚至曾代表某市少年队参加跆拳道比赛拿过奖。

小彦的妈妈是某市交通局的领导。据小彦说，她的妈妈脾气不好，对她要求很严。在她年幼时，妈妈就和爸爸离了婚，是姥姥、姥爷把她带大的。幼年，她曾目睹过爸爸打妈妈。小彦说，从那时候起她就想，自己迟早要让他们后悔。

工作繁忙的妈妈在家时间很少，几乎没有时间管教女儿，母女关系已经疏远。上初中时，小彦开始接触网络。约半年后，家人逐渐发现她经常不回家，便断掉了她的零花钱，但这并没有阻止她不回家。

为查清小彦的行踪，两个舅舅和表姐对小彦进行了跟踪，结果发现小彦放学后都会去一家美容美发按摩中心，惊慌失措的妈妈报了警。在派出所，小彦才承认，因为家里不给钱上网，她在网吧认一个网管做"干哥"。"干哥"带她到这家

美容美发店里，老板每天给她 20 元零花钱，让她带别的女孩来卖淫。

故事四：亲子关系上，"溺爱"与"叛逆"的矛盾

小乐 1993 年出生时体重只有三斤四两，身子弱，还经常患病。2001 年，小乐又患上了再生障碍性贫血。7 年来，每天早中晚，母亲毛敏都会熬好中药，督促小乐服下。父亲老杨说，小乐自从患上再生障碍性贫血，夫妻俩把儿子看得更重了，对他的要求总会想方设法满足。

2003 年的一天，年仅 10 岁的小乐无缘无故拿着家里的碗、盆乱摔，还对着毛敏拳打脚踢。老杨终于忍不住了，就动手打了儿子。没想到，小乐竟然以绝食对抗，一连 4 天粒米不进。"他本来就贫血，不吃饭病情会恶化的。"最后，老杨请来儿子最好的朋友劝他，小乐才勉强吃了几口。此后，小乐更加有恃无恐，动不动用绝食逼父母给他钱去上网，不给就动手打父母，而这样的行为几乎每个星期都要发生一两次。"我真想一刀把他劈了，就算坐牢我也不在乎！他太可怕了，我养不了他！"说起儿子，毛敏眼睛里没有疼爱，只有痛恨。

故事五：个性发展上，"发展"与"限制"的矛盾

广州东山区 11 岁的五年级学生吴琼，不久前写了一份《请给我们自由的天空——关于小学生课余时间调查》的报告。根据她的调查，他们学校 100% 的学生都参加了培训班，每到周末，她们做完作业后，还要上各种课外班。她在五年级 100 多名学生中开展了课余时间调查，在"周末参加了几项培训班"的问题上，表示没有参加的竟为 0，参加一项的占 10%，参加 2 至 4 项的占 50%，参加 4 项以上的占 40%，最多的竟然参加了 10 多个培训班。不少孩子都表示："真希望每天有 48 小时，24 小时不够用啊！"吴琼也为此呼吁：大人们，请给我们自由的天空！

写给妈妈的话

（一）"言传身教"是中国几千年的传统教育的永恒命题。"其身正，不令而行；其身不正，虽令不从。"孔子的这种"身教胜于言教"的教育法则，在几千年后却被我们给扭曲了。许多妈妈一边给孩子讲"粒粒皆辛苦"，一边却随手扔掉不合口味的食品；一边给孩子讲"孔融让梨"，一边却争先恐后地挤车抢座；平时让孩子尊重父母，自己却不尽赡养父母的职责和义务；一边给孩子讲"好好学习，天天向上"的大道理，一边自己却一年也不摸书本，甚至沉溺于麻将桌上；一边要求孩子"自己的事自己做"，一边却又帮孩子打扫教室卫生，恨不得连劳动课都要替孩子上……诸如此类的矛盾行为，比比皆是。

这种充满矛盾的家庭教育，让不明世事的小孩感到很为难，甚至无所适从。他们往往学妈妈样子，一方面从学校接受文化知识教育，另一方面从妈妈身上仿效"说一套，做一套"的圆滑世故的处世哲学。因此，人们很形象地总结出"5-1=0"，即学校苦口婆心的 5 天教育，被家庭、社会的 1 天教育所毁掉。

正确的做法应是身教在先，言教在后。但是，问题不在于方法，而在于妈妈的品质、修养、行为，也就是人们常说的素质。真正的教育是在自然流露潜移默化中进行的。

（二）很多妈妈在自己的成长过程中都曾亲历过苦日子，她们不想让自己的子女过那种艰难的生活，于是总是给孩子买好吃的、好穿的。同时，她们又要求子女生活节俭，不要光顾吃穿而不学习，常常拿伟人的俭朴生活来教育他们，讲授"新三年，旧三年，缝缝补补又三年"的陈年旧理。而一旦孩子向她们要钱时，她们通常都会有求必应，从未有半点吝啬。

在这种矛盾家教中长大的孩子，怎么会形成节俭、朴素的观念和行为？因此，妈妈在生活上对子女的关爱要有所节制，那样才有利于孩子健康成长。

（三）教育专家指出，随着市场经济的发展，一些年轻妈妈在教育子女问题上出现了偏差。有的妈妈在孩子做出破坏公物、无故凌辱同学等不良行为时，睁一只眼闭一只眼，不闻不问，使孩子在错误的道路上越走越远。与此同时，有的妈妈又将自己摆在了家庭中绝对权威的地位，过分干涉孩子的生活，如私拆子女的信件、偷看日记等。在许多妈妈眼中，孩子永远都只是自己的附属品，他们不愿意或不善于让孩子取得与自己平等的地位，不懂得尊重孩子的权利和人格。这种既"放纵"又"专横"的家庭教育方式，对孩子健全人格的形成产生了严重的负面影响。

（四）天津市教育科学研究院孟育群教授对亲子关系进行了10年的研究，她的调查表明：绝大部分受测试家庭亲子关系都存在不同程度的问题，其中过分溺爱的父与母人数分别达到40%和60%。许多妈妈对子女几乎有求必应，可换来的结果是子女不尊重父母，不理解父母，甚至打骂父母。对此，妈妈应该认真检讨、反省自己的教育理念和方式，其实孩子的许多毛病都是妈妈教出来的。

"要改变孩子，首先要改变父母！"教育专家一致建议，妈妈不能无条件地包容孩子，孩子犯错时要坚决制止，同时还要给予良好的引导，培养孩子养成好的习惯。

（五）现代社会竞争激烈，人们切实感受到人才的重要。妈妈渴望孩子成才，却对成为什么样的人才及怎样培养成才缺少科学的方法。于是，妈妈完全凭着自己的兴趣爱好或主观愿望，为子女制订"宏伟"的发展计划，让孩子参加这样那样的培训班。如果妈妈的这种选择符合孩子的志趣，那当然是好事。可许多妈妈的"发展"计划违背孩子志趣，这种"发展"实际上是限制孩子的发展。许多孩子为了妈妈的决定，含泪告别了自己的兴趣，这不能不说是妈妈的过错。因此，国家总督学柳斌曾痛心疾首地指出：有的孩子为了观察蚯蚓而挨妈妈一巴掌，我觉得这一巴掌很可能就打掉了一个未来的科学家。

二、孩子为什么会"没大没小"

现在的小孩，从小就在爸爸妈妈的宠爱中成长，可是随着孩子慢慢懂事了，妈妈却发现他们越来越没大没小了，常常对长辈大吼大叫，怎么说也不听，有时候还会顶嘴。孩子出现这样的坏习惯，很多人觉得没什么，等孩子长大了，懂事理了自然而然就会变得有礼貌。其实不然，如果妈妈没有及时纠正孩子没大没小的坏习惯，他们就会觉得这样做是没有错的，反而会越来越没礼貌，甚至不止是对爸爸妈妈，对家里的客人、幼儿园的老师都会这样没大没小。这样时间久了，会养成孩子霸道、不讲理的个性。

✎ 亲子故事

泉泉不到 6 岁，对客人无礼是妈妈最伤脑筋的事情。家里一来客人，不论是大人还是有小朋友一同来，他都出人意料地表现出霸道、没礼貌，有时候还当着客人的面耍脾气；如果有同龄的小客人，他还会和人家抢吃的、抢玩的，很不友好。一天，妈妈多年未见的同窗好友突然登门拜访，妈妈让泉泉叫阿姨。泉泉瞥了一眼说："大肥婆。"妈妈一听，觉得很没面子，就斥责说："你怎么这样没大没小！"泉泉却毫不示弱地回答："她本来就很肥嘛！"

当孩子表现出不礼貌的行为，大人们总会摇头说："这孩子怎么这样没大没小！"孩子的父母听了，会脸红不止，甚至会当面对孩子进行斥责。

在某些状况下，孩子是真的不清楚合理的行为规范以及界限在哪里——为什

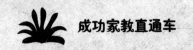

么不能和老师争辩？为什么不能在阿伯面前发飙？为什么有些话对着大人说就是没大没小？此类人与人互动的准则，正是初进学校的孩子们学习的重要内容。但常常在孩子学会之前，可能早就已经犯"N"次令人不悦的错误了。

写给妈妈的话

（一）孩子出现"没大没小"的坏习惯的原因

1. 孩子跟妈妈意见不同

3岁以上的孩子刚开始形成自我意识，有了他自己的立场就特别喜欢表现给别人看，所以当他跟妈妈有不同意见的时候，他就会跟妈妈争论起来，而且还会以命令的口气让妈妈要接受自己的想法。比如：孩子边吃饭边玩小汽车，妈妈把他的玩具收走了，让他要认真吃饭，可是孩子可能会觉得，"我又没有不吃饭，怎么可以没收我的玩具呢？"他觉得妈妈做得不对，就会大吵大闹说"我就是要边吃饭边玩，把小汽车还给我啦！"

2. 挑战大人的权威

当妈妈要求孩子做事时，如果语气太严肃，开始懂事的孩子反而会觉得反感，不喜欢被妈妈命令，就会用不礼貌的口气顶撞妈妈。其实这时候孩子可能是想引起你的注意，表达他的不高兴，用不礼貌的行为来挑战你的权威。就像4岁的明明正高高兴兴地看动画片，妈妈突然把电视关了，命令他"现在你要做作业了，还看电视！"这时候明明会觉得妈妈太霸道了，会大声地顶撞妈妈："我动画片还没看完呢，为什么一定要我写作业！"

3. 属于心直口快

有时候，孩子没大没小也是出于无意，可能他自己也没有意识到自己的行为是没有礼貌，会让人觉得不舒服呢。出现这种情况，除了是出于他自己的个性外，也有可能是他常常看到妈妈也是这样相互大喊大叫，长期耳濡目染而形成的坏习惯。如果爸爸妈妈经常在孩子面前吵架斗嘴，一开始他可能会觉得疑惑，但是爸爸妈妈几乎每天都这么做，那么慢慢的他就会以为这是正常的说话方式，自己也会学着妈妈的口气说话了。

（二）改变孩子出现"没大没小"的行为方法

1. 告诉孩子要用正确的表达方式

当孩子不礼貌地顶撞，对妈妈大喊大叫的时候，妈妈应该先保持冷静，耐心地告诉他应该如何礼貌地表达自己的观点。比如妈妈可以让孩子坐在身边，然后用缓和一点的语气告诉他："宝宝如果有跟妈妈不一样的想法可以说出来，不能这样大喊大叫，这样可是不讲礼貌的行为呀！"这样冷静的处理方法可以有效地减轻亲子间情绪冲突。

2. 先隔离冷静一下

如果孩子是想用他的没大没小来引起妈妈的注意，表达自己的不满，妈妈可先不要跟他"吵架"，可以先让他一个人独处一下，等他情绪冷静下来，再用讲故事的方式让他知道自己这样做是错误的。比如妈妈可以跟孩子说："宝宝想一想，如果其他小朋友像宝宝一样，对着宝宝大吼大叫，宝宝会不会觉得很难受，就不跟他玩了呢？"从小就教导孩子换位思考，不仅可以让他改正没大没小的坏习惯，还能让他在小朋友中更加受欢迎。

3. 做孩子的好榜样

妈妈是孩子学习的榜样，孩子很容易有样学样，如果看到爸妈经常相互大喊大叫，慢慢的他也会模仿这种行为，所以在孩子面前，妈妈要做好榜样，比如遇到长辈或朋友都要问好、经常对人说"谢谢、对不起"、不在孩子面前大喊大叫等，孩子有了良好的学习模范，还怕他学坏吗？

妈妈除了自己要做到礼貌待人之外，也要常常教导孩子，跟他说："小孩子要有礼貌、守规矩，要尊重别人，不能对长辈大喊大叫，这样大家才会喜欢你呀！"慢慢地用自己的言行对孩子耳濡目染，相信孩子不仅能改正没大没小的坏习惯，还会变成人见人爱的小天使呢！

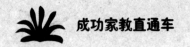

三、孩子爱说谎可能是妈妈惹的"祸"

为什么孩子会说谎？有人认为，孩子天生就是个"谎言家"，也有人推测，孩子说谎，往往也是被"逼"的。面对孩子说谎，很多妈妈往往都会表现出愤怒，但更多的是无奈。儿童心理医生指出，家庭教育本身就是孩子的一面镜子，对于心智尚未成熟的孩子而言，父母的言行举止就是他们借鉴的"榜样"。

学龄前的孩子撒谎、编造故事是很常见的，只要妈妈一直能给他树立良好的榜样，不对孩子说谎大惊小怪，随着年龄的增长，孩子慢慢就会不说谎了。当然了，教孩子诚实的最好方法，就是妈妈自己先要诚实。

✎ 亲子故事

贝贝只有 4 岁，才刚刚上幼儿园。头几天，性格开朗的小贝贝十分受小朋友欢迎，大家都争着和她玩，然而一个星期过去了，贝贝却遭到孩子们的排挤。老师了解后发现，原来贝贝有个爱说谎的毛病，明明吃了两个小包子，却说只吃了一个；明明把玩具弄坏了，却推说是别人摔破的。老师找贝贝的父母谈过，但贝贝妈妈却觉得"孩子说的话本来就不应该较真"。

写给妈妈的话

在孩子成长过程中，无论是妈妈还是老师都应给孩子营造一个温暖、轻松的心理环境。当孩子做错事时，妈妈和老师都不要厉声斥责，更不要打骂，只要告诉孩子什么是正确做法，以后改正就行了。

有的孩子和小朋友玩不到一块，总显得很不合群。碰到这种情况，家长和老师要教给孩子交往的基本规则和技能。比如，当幼儿不知怎样加入到同伴的活动中，或提出请求不被接受时，可以建议他拿出玩具邀请大家一起玩。家长还可以利用相关故事，结合幼儿的交往经验，和他讨论什么样的行为受大家欢迎，想要得到别人的接纳应该怎样做等。

其实，孩子拆玩具最主要的原因是好奇心驱使，并不是搞破坏。家长要容忍孩子因探究而弄脏、弄乱甚至破坏物品的行为，并且要引导他们玩后收拾好。家长应多为孩子选择些能操作、多变化的玩具，在保证安全的前提下，鼓励幼儿拆装或动手自制玩具。

四、家有"小马虎"妈妈该怎么做

怎样帮助孩子克服马虎的毛病，如果孩子出现马虎的毛病，妈妈应当尽快帮孩子克服。那么有什么好的方法可以帮助孩子克服"马大哈"的习惯呢？

✎ 亲子故事

语文课上，老师给大家出了个作文题目：《我的家乡》，要求同学们把美丽的家乡描述一下。

"这个作文太容易了。"小虎觉得自己是个写作文的高手，用小手抓抓头皮，一下子来了一大堆的词儿。稍微构思一下，拿起笔来，唰唰唰，不一会写完了，左看右看都非常满意，觉得家乡在自己的作文里简直变成了一幅图画。

其他同学还都在写，小虎第一个把作文交给了老师。

老师也没说话，拿起红笔在他的作文上又圈又点，等大家全交了作文，才停下笔，叫马小虎的名字。

小虎起立，站得笔直，心想这次老师一定要表扬自己的作文了。没想到老师问："马小虎，你猜你的作文能得多少分？"

"九十多分。"小虎回答干脆，他知道老师从来不给一百分。

"为什么呢？"老师拿着他的作文问。

"因为我写得挺好的。"小虎特别自信地回答。

老师笑了，让他到讲台上："你先在黑板上写几个词。"

小虎愣了，不知道老师葫芦里卖的什么药，拿起粉笔等着写字。老师依次念了这些词：美丽、禾苗、气候、地势、新鲜、理想……

小虎准确地把他们写在了黑板上，老师给判了一百分，然后说："你知道这些词在你的作文里是怎么写的吗？"边说边在每个词下面写了另一个词：美力、河苗、气后、地式、心鲜、里想……

写完后老师说："你用的字是正确字的同音字，他们读音虽然相同，但是意义可是完全不一样的。"老师又看看黑板，"这些字你会写呀，就因为书写时不细心，所以你的作文只能得六十分。"

对比之下，同学们哈哈大笑，小虎羞愧的低下了头。

写给妈妈的话

（一）妈妈要教育孩子明确学习目的，使他们增强学习责任心，提高学习兴趣。妈妈可以用讲故事等方式告诉孩子，学习是小学生对社会应承担的责任，这种责任感应表现在认真对待听课、做作业、复习、考试等每一个学习环节上。人的情绪、兴趣等都将直接影响感知的过程，影响着感知的完整性和准确性。因此，孩子学习责任感的增强、学习兴趣的提高，有助于帮助他们克服"马大哈"的毛病。

（二）妈妈要注意培养孩子良好的学习习惯，有的妈妈给孩子规定了几条制度。例如：放学回家先做作业；遇到难题要耐心，不急躁；书写要工整等。这对于培养孩子的良好学习习惯，克服"马大哈"毛病都是有好处的。

（三）妈妈要教给孩子一些学习的技能、技巧。例如，怎样辨认字形，怎样解应用题、怎样检查作业、怎样思考和分析问题等。

（四）要讲究教育方法。鲁迅先生说过：孩子的世界与成人截然不同，倘不先行理解，一味蛮做，便大碍于孩子的发展。妈妈帮助孩子克服马大哈的毛病，也要从孩子的实际出发，理解孩子，体谅孩子，耐心细致，不急不躁。

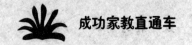

妈妈要采取多表扬鼓励的方法，调动孩子的积极性，使孩子看到进步，树立信心。有的妈妈给孩子画了一张作业差错登记表，贴在孩子的床头，让孩子每天填写。一周或半个月，妈妈帮助孩子统计、总结一次，对孩子促进很大。只要妈妈采取正确的方法教育孩子，孩子的"马大哈"毛病就一定能克服。

五、孩子耍赖皮如何"见招拆招"

妈妈不愿意总扫孩子的兴，更不希望成为孩子眼中的"大恶人"。但是，我们得让孩子知道凡事都有节制，必须遵守一定的规则，不能没完没了地想怎么样就怎么样。面对孩子的耍赖皮，妈妈要懂得见招拆招。

孩子"赖皮"是一种成人看来不合理的情感表达方式，就像婴儿一般用哭来表达信息。当孩子开始会笑时，他又多了一种表达信息的手段。孩子越长越大，当他的某种愿望达不到要求时，他就会用耍赖来表示不满。

✎ 亲子故事

故事一："坐山观虎斗"，借机满足"欲望"

5岁的阳阳是个特别机灵的小男孩，平时在幼儿园的教学活动中，他总是反应最快，也是最调皮的一个。回到家，阳阳更是集众多宠爱于一身，六个大人围着他一个人转。渐渐地，聪明的阳阳发现，自己的任何要求总能被满足，即便偶尔爸爸妈妈会拒绝，在爷爷奶奶那里也能得到满足。

于是，他渐渐把姥姥姥爷和爷爷奶奶当成自己的"靠山"。犯错误了，他不等妈妈开口责备，先给爷爷打电话，因为他知道，只要爷爷一来电话，妈妈就不好意思说什么了；在幼儿园惹祸了，爸爸生气了教训他，他便在周末时向奶奶告状，奶奶听后，自然会生气地质问儿子为什么吓唬孩子；想要新玩具时，就分别

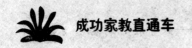

告诉姥姥姥爷和爷爷奶奶，看他们谁买的最漂亮……就这样，六个大人被一个孩子耍得"团团转"，甚至有时还争吵不休。

故事二：打感情牌拖延时间玩游戏

5岁的小博最喜欢玩的游戏是"愤怒的小鸟"，每天从幼儿园回来，顾不得洗手和换衣服，先要把ipad打开。听着小鸟飞行时诡异的声音和小猪呵呵的傻笑声，小博常常玩得"废寝忘食"。妈妈担心长期这样下去，小博会沉迷于游戏中，而且影响视力，便多次规定他每次玩游戏的时间不能超过20分钟。

可是每次，小博都是露出一副可怜兮兮的面容一拖再拖，他甚至会说："我上了一天幼儿园，每天就只能趁回家时玩一会儿游戏，你就让我多玩会儿吧！"每当这时，妈妈便心软了。

一个周末，小博实在玩了太长时间游戏，眼睛酸疼，而且不停地流泪。妈妈终于发脾气了，一气之下把ipad没收了。本以为这样可以让儿子戒掉玩游戏的毛病，没想到小博竟然给姥姥打电话"告状"，然后得意扬扬地对妈妈说："姥姥说了，你再不把ipad还给我，她就去给我买个新的！"

故事三：故意破坏玩具，企图买新玩具

"妈妈，我的玩具熊的小裙子破了，修不好了，您再给我买个新的吧！"4岁的萌萌对妈妈说。然而，妈妈接过玩具却发现，小裙子上的确有条缝，可是破裂处很整齐，更像是用剪子剪的。"是不是你故意剪坏的？然后还骗我？"妈妈质问道。"没有，它自己裂的，你爱信不信！"萌萌噘着小嘴，气鼓鼓地转身跑回了房间。

萌萌妈妈说，女儿不是第一次这样做了。之前，她还故意弄脏过鞋子、剪坏过衣服，然后让妈妈给她买新的。"真不知道她是怎么想出这个办法的。即便我当面戳穿她，她也毫不在乎。她觉得，反正已经坏了，你就得给我买新的。"萌萌妈妈无奈地说。

写给妈妈的话

（一）其实，孩子并不是要故意引起家长之间的矛盾，他只是在钻空子。正是因为家庭成员之间没有良好有效的沟通，教育方法不一致，才导致孩子出现这种情况。

作为妈妈，不管是老人还是年轻父母，在教育孩子时，应保持一致。妈妈们应该多个心眼儿，提前和老人做好沟通工作。这样，当孩子因为爸爸妈妈不能满足自己的要求而跑去哀求老人时，会发现无济于事。

此外，妈妈还可以学会与宝宝进行"协商"性沟通。

从家庭教育的角度来看，平等、民主、充满亲情和理解的家庭环境能使宝宝心情愉悦、性格开朗。遇事多和宝宝商量，使他从小学会用语言和协商的方式解决问题，有利于宝宝克服暴躁的情绪，减少哭闹、耍赖的行为。也可以考虑与宝宝一起制定规则：任何家庭成员发脾气都得不到奖励，并会失去某一次机会，如看喜欢的电视、吃好吃的食物等。

（二）成人都容易对电脑游戏上瘾，更何况孩子。如果宝宝对游戏比较上瘾，妈妈不要动怒，因为越是强行不让孩子玩游戏，孩子的逆反心理就会越强，甚至会影响亲子关系。

妈妈可以先肯定孩子的游戏才能，比如这样说："妈妈真没想到，你玩游戏这么厉害啊！我和爸爸学了好久都没学会呢！"这时，孩子听了妈妈的表扬，肯定会非常兴奋。妈妈继续说："宝宝玩游戏能过这么多关，肯定特别严格遵守游戏规则。妈妈相信你，不管是在游戏中，还是游戏外，都能做到遵守规定。小朋友每天玩游戏的时间也是有规定的，时间久了眼睛就会难受，脑子反应也会慢，过关会越来越困难。现在，我们就把电脑关上，歇歇眼睛吧！"当宝宝乖乖关上电脑时，妈妈还可以趁热打铁，给他讲些规则的重要性。

妈妈还可以亮出自己的底线。与其给孩子一颗糖果，之后因招架不住他们的央求，而再给第二颗糖果，还不如一开始就告诉孩子"你可以吃两颗糖果"；与其告诉孩子该关电视睡觉，之后因经不住他"再多看5分钟"的软磨硬泡而妥协，还不如一开始就声明"你还可以多看 10 分钟"。妥协让步无异于奖励孩子依靠纠缠不休而达到目的。所以，妈妈在面对孩子的要求时，应让孩子清楚地明白自己的底线。

（三）面对孩子的破坏行为，妈妈首先不要急于下定论：他就是故意的！其实，有可能是好奇心使然，孩子想看看玩具的内部构造是什么，或者想自己给娃娃换件衣服。孩子之所以破坏一样东西，是因为他实在对它太感兴趣了，迫切地想要研究一下。

面对这种情况，妈妈首先让孩子意识到破坏玩具的后果——有些玩具可能彻底坏了，再也修不好了，即便我给你买了新的，也不会和这件一模一样。这样，孩子在想要动手破坏之前，就会仔细想一想，如果我不小心把它弄坏了，就再也没法玩了。

其次，妈妈可以告诉孩子，我不可能在一周内给你买同样的玩具，我们干脆动手把它修好吧！这样一方面能够教育孩子学会珍惜，另一方面可以锻炼他的动手能力，增进亲子感情。

六、修剪孩子"坏枝"要掌握技巧

老话说得好：没有规矩不成方圆。当孩子渐渐有了个性和脾气，让妈妈觉得越来越难管束时，除了夸奖和鼓励，适度的惩罚不可或缺。怎样罚得有效，又不伤孩子的心和自尊自信，是门大学问。

✎ 亲子故事

故事一：

孩子弹琴时表现出极大的随意性，老师讲过的正确指法、手型和要求在她的脑子里没有留下丝毫的印迹，仿佛从来就没有学过似的。妈妈看在眼里、急在心上，一遍又一遍地提醒外加亲自示范，可孩子摆出了一副不合作的态度，在琴凳上扭来扭去，一会儿喝水、一会儿上厕所，没过两分钟又嚷嚷着累了要歇会儿。

故事二：

孩子每天都把家里弄得天翻地覆：玩具散落一地，画笔、画纸摊满了桌子，床上也堆着他的各种小玩意儿，自己最喜欢的书也十有八九到想看的时候不知道去哪了。多次的提醒仍然没能使孩子有任何改观。

故事三：

孩子有一大盒子各种形状的小珠子，串起项链漂亮极了；但当她看到别的小朋友拿着几个透明的围棋棋子充当"夜明珠"时，哭着喊着要，对方不给，她就把人家装"夜明珠"的小瓶子扔到地上……

写给妈妈的话

（一）不该出手也出手——皮肉之苦最伤孩子自尊

1. 错误批评

内心的怒气终于冲破了忍耐的底线，妈妈一巴掌挥了过去，孩子的手背顿时就红了——说服教育升级为武力惩罚。

2. 留下的伤痕

从根本上说，武力惩罚不能解决任何问题，只能使双方的矛盾激化，使原本有可能继续下去的学习中途搁浅。在妈妈的拳头下，孩子的自尊心也被打得一败涂地，容易形成破罐破摔的心理，甚至对所有的批评刀枪不入，那可真是两败俱伤。

它的另一个直接后果是：你以什么样的方式对待孩子，孩子就会以同样的方式对待你和他周围的人——对暴力行为的模仿是轻而易举的。由于妈妈的坏榜样，孩子在独立面对自己和小朋友的冲突时，头脑中的第一反应就是"先下手为强"。

3. "剪枝"有方

将批评升级为"战争"，那就是妈妈的不是了。幼儿还没有形成自我评价意识，他们是通过成人尤其是妈妈对自己的评价来看待自身的。而且，脆弱的内心特别希望得到妈妈的肯定，这能给孩子自信，也能使他们愉快地接受批评。批评的艺术在于正强化，而非负强化。与其强化孩子的弱点或全盘否定，不如将孩子的点滴成绩和好的苗头看在眼里、记在心上、挂在嘴边，强化其好的一面，给予必要的指点，让孩子看到自己的潜力，提升自信。

所以，妈妈此时不如使用"表扬式的批评"方法，去发现孩子的点滴长处，先褒后批："你的左手手型比右手的漂亮，左手三指比二指好看，这一遍强弱感觉掌握得不错"。接着再提要求："右手能不能也像左手那样漂亮，二指能不能往回勾一点，速度如果再放慢一点会更好。来，我们来试一试，我想宣宣一定没问题！"孩子需要在比较和实实在在的夸奖中发现自己的差距，如果妈妈肯定了孩子的一点成绩，她会有信心纠正自己的九个错误；相反，妈妈对孩子的一个错误采取粗暴的方式，她很可能会毫无心情保持自己的九个优点。

（二）大喊大叫——失控的情绪难以给孩子正确的引导

1. 错误批评

屋内的一片狼藉点燃了妈妈心中的怒火："跟你说过多少次了，从哪儿拿来的东西玩完了还放回哪儿去。你就是不长记性，你不收，看我全把它们扔掉！"说着假装把孩子最心爱的玩具扔了，接着是一阵疾风暴雨般的叫嚷。

2. 留下的伤痕

不是你的嗓门越高就越能产生立竿见影的效果，声调和结果往往成反比，并且大喊大叫使孩子丝毫感觉不到尊严的存在，也把你的修养咆哮得无影无踪。如果大人孩子都发脾气，批评很有可能会升级为哭闹和打骂，教育的效果抵消为零。而且孩子很快就会知道，妈妈嘴上说"扔掉"，但是手上却没有真正"扔掉"，妈妈的威信也由此丧失。

3. "剪枝"有方

千万不要以为你的态度，包括表情、语气和目光无足轻重，只有好心就足够了；不肯在表达方式上花心思，孩子难以心服口服地接受批评。因为：有时候他们拒绝的不是批评本身，而是妈妈的态度。

心平气和地批评孩子，有助于保持良好的亲子关系，也能达到批评的目的。所以，最好管住自己的脾气，让自己息怒。

收拾好自己的东西对孩子来说是一个很难养成的习惯，妈妈应该对孩子耐心一些。先和孩子一起收拾，能收好一件东西就鼓励一下。孩子被妈妈的肯定激励着，会慢慢学会独立整理自己的物品。

（三）喋喋不休——过滥的批评引来逆反

1. 错误批评

孩子的举动让妈妈觉得很没面子："跟你说过多少次了，你怎么就不明白呢？不能总是看着别人的东西好，家里的玩具还少吗？自己的东西扔在一边不玩，一看到别人拿点什么就跟宝贝似的，真没出息……下次再这样，我绝不再给你买任何玩具！"

2. 留下的伤痕

如此絮叨、缺乏新鲜感的批评，不能给孩子大脑以明显的刺激，说得越多，孩子越会把这些话当成耳边风。而且，别看孩子小，对语言的领悟能力一点不差，"没出息"、"占有欲"一类不尊重孩子人格的话很容易引起他们内心的反感，明着或暗着和你对着干，身上的毛病很可能会有增无减。

3. "剪枝"有方

漂亮的和新鲜的东西对孩子来说是一种诱惑，抵御诱惑其实是一件很不容易的事。所以，妈妈不妨告诉孩子：她喜欢自己没有的东西并没有错，但他人的东西我们不能要，更不能抢或毁坏。接着向孩子讲清楚：世界上的好东西多得数不清，我们不可能全部拥有；如果特别想要，就得凭自己的努力去争取，如果对方愿意，可以用自己的漂亮珠子和小朋友换。

七、如何防止孩子变成"小皇帝"

现代家庭中普遍存在着 4-2-1 的家庭模式，这使得绝大多数的孩子成为家庭金字塔中塔尖的"小皇帝"，而妈妈过度的溺爱会造成"小皇帝"的自私、懒惰、脆弱等个性，严重阻碍了孩子健康人格的形成，阻碍孩子健康的成长。妈妈对孩子过度溺爱的错误教育方式就像配错药一样，无论以后用什么方式都无法纠正和弥补。对孩子过度溺爱就像一剂毒药，让孩子失去自立性，丧失正常的生活能力。

✎ 亲子故事

中午一进门小胖已经坐在餐桌前了。

"妈妈，饭呢？怎么还没影子？"小胖很不高兴。

"饭我已经订了，马上送来。"张珊因为感冒，刚从床上爬起来打电话订的外卖。

"怎么又吃外卖啊？我都要吃吐啦。"小胖开始埋怨。打开外卖盒，一看是饺子，小胖的脸又拉长了："老妈，我不想吃水饺！"

"你将就一下吧！"张珊说。

"我的命可真苦啊！"小胖埋怨起来："老妈，我还算不算一个中考生啊？你还算不算一个考妈啊？"

张珊问："你说说，中考生和考妈要什么样的？"

小胖凑到张珊跟前说："老妈，我告诉你，中考生要享受这样的待遇：比如我们班小丫同学，她每天中午放学时她妈的车就停在校门口，车门都开好了，只等小丫一上车就往家开。她家离学校多远？走路十五分钟，开车五分钟，开车接就是为了节省十分钟。小丫一到家，煲好的汤盛在桌上，汤要一周不重样，什么鸡骨草煲龙骨呀，什么茶树菇炖老鸡呀……饭菜在桌上准备就绪，一荤一素一汤，水果一盘，小丫进家门就奔餐桌，吃饭二十分钟，吃完饭就睡觉。中午休息一小时，下午和晚上神清气爽，斗志昂扬！老妈，你天天给我吃外卖，我怎么跟小丫她们竞争呢？"

张珊听了心里直冒凉气。

小胖又说："对于我来说，中考比奥运会重要多了！老妈你这点都不能为我付出吗？"

对于儿子提出的问题，张珊不知是该点头还是摇头，她不知道小胖为什么会变成这样一点也不体恤自己的艰辛，像个小皇帝似的整天操纵自己，恨不得自己一天 24 小时都围着他转。

写给妈妈的话

为什么现在有那么多孩子都变成了小皇帝？其实，像小胖这样的孩子都明白，妈妈对自己的最大希望就是考高分，就是上重点中学、重点大学，至于其他一切都可以不考虑。一些孩子知道自己达不到妈妈给自己树立的目标，因而变得心灰意懒，玩世不恭，不再关心别人，也不懂得爱别人了。于是，他们就以学习的名义，无休止地向妈妈勒索，恨不得妈妈 24 小时都围着自己转。而那些把孩子成绩看得比自己命还重要的妈妈，也心甘情愿受孩子的操纵，久而久之，孩子认为这些是妈妈应该做的，是妈妈欠他们的，谁让他们做自己的妈妈呢？所以，孩子就像小皇帝一样有恃无恐，根本不理会妈妈的艰辛。

其实，这都是张珊自己因为溺爱孩子而酿造的苦酒。现在有很多妈妈认为，自己有责任保护孩子，让孩子免遭任何挫折和困难，因而她们包揽了孩子除学习以外的所有事情。然而，这种对孩子的过度保护，实际上就是将孩子与现实隔离开了，因而剥夺了孩子对自己动手处理问题能力的体验，而这种体验是孩子形成责任感和上进心的原动力。很多妈妈像张珊这样因为工作繁重而无暇考虑家庭教育的方法，不懂得让孩子处理自己的事情对孩子成长的重要性，所以忽视培养孩子自己动手的能力。

因为受到溺爱，孩子就慢慢地被家长培养成了小皇帝。小皇帝们觉得只有让妈妈围着自己团团转，满足自己的所有需求，才会感到自己的重要性。否则，他们总觉得妈妈还欠他们的。长期的颐指气使，将他们锻炼成了人精，因而他们经常用自己所有的精力去操纵妈妈，以便妈妈竭尽全力满足他们的所有愿望。他们从没想过要提高自己的能力，只是想如何来逃避自己的责任。因此，妈妈的溺爱不可能将孩子培养成有能力和有责任感的人。

绝大多数妈妈都爱孩子，但未必会爱孩子。除了学习，他们包揽了孩子应做而且会做的事情，这种溺爱实际上是剥夺了孩子体验除了学习以外的其他生活的权利。由于分数至上，再加上缺乏自己对生活的体验，所以孩子就养成了只会享受，不知奉献的习惯；在他们的心中只有自己，没有妈妈，更没有其他人；在情感世界中他们只关注自己，不知体谅别人。然而在妈妈眼里，只要是得了高分，他们就是最棒的孩子，自己辛苦一点无所谓。

为了让孩子体验到自己动手解决问题后的成就感，妈妈应尽量减少包揽那些孩子能做而且应该做的事情，给孩子创造机会，让孩子通过体验自己解决问题所带来的成就感，以培养孩子的责任感和上进心。随着孩子的成长，妈妈应学会及时放手，让孩子自己向前跑。事实上，高情商的妈妈都会给孩子创造自由成长的空间，让孩子无论是在游戏与阅读还是在与人交往的过程中，自我吸取成长的养分，使他们自然地掌握做一个社会人的知识。正是因为妈妈没有手把手地教，没有溺爱与控制，孩子能顺从天性，少了价值观方面的矛盾冲突，多了一份自我成长的快乐和自我探索的勇气。

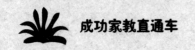
八、"80后"父母+"00后"儿女=？

"六一"国际儿童节，孩子们会迎来好吃、好玩、收礼物的一天。这些孩子大多是"00后"（出生在2000年之后），父母大多是"80后"，成年的"新人类"带着如今的"新新人类"，这个组合的奇妙就可想而知了。

"80后"崇尚自我、愤世嫉俗、特立独行；他们不在乎别人的看法，与主流价值审美观念有着较大差异，比如：他们不达目的誓不罢休，哪怕搭上学业和青春也在所不惜……"80后"成为妈妈之后，怎么教育孩子？这大概是所有人的"好奇点"。

✎ 亲子故事

那天吃完晚饭，大家一起坐在沙发上看电视。七岁的外甥天天说："我要当军人，去帮助别人。"可能是前些日子和我一起看玉树地震的报道看多了，小家伙受到了解放军抗震救灾精神的感染。

"看你舅舅，这么大了还不结婚，就是他选择错了理想。要是当初他听姥姥姥爷的话，去考公务员，现在早都是政府部门的人了。可是现在呢，整天守着台电脑敲来打去的，我看他什么时候能打出个媳妇、打出栋房子来。"大姑说完还不忘狠狠地瞪她弟弟一眼。

"舅舅说，帮助别人就能得到快乐。我今天把自己的理想在上课时朗诵了，老师还夸我了，说我讲的理想很好。"天天向舅舅投来求助的目光。

本以为大姑和姑父一样是"80后"，而且都上过大学，自然受过父母对自己指手画脚的苦，可是现在他们有了孩子，却忘记了自己曾经的经历，又开始走上一辈的老路，开始影响自己的孩子，开始按他们的理想计划孩子的未来了。

"天天这么聪明，长大了当然要去当'大官'。到时候，爸爸妈妈也跟着天天沾沾光。"大姑的脸笑得仿佛开了花，"就像你班里的那个班长一样，别的小孩都怕他，是不是？"天天点点头。

写给妈妈的话

（一）"60后"的人生理想：做社会有用之人

和"50后"相比，"60后"普遍受到了较好的教育，上大学、接受高等教育不再是可望而不可即。在此背景下，他们更加珍惜来之不易的学习机会。同时，相较于后来的"70后"，"60后"的包容性更强，成长于纷乱年代使得他们格外重视制度和稳定。如今，"60后"已经逐步成为社会中坚，并身体力行着他们的人生理想——反观今日，以行践言者又能有几人？

（二）"70后"的人生理想：我要……

"60后"崇尚精神，"80后"耽于物质。"夹缝"中的"70后"生长于社会快速变化的时代中，"转型"就是他们感受深切的现实生活。他们已经开始着意摆脱上一代人的坚忍和内敛，但又不能像"80后"那样收放自如。

（三）"80后"的人生理想：我要当头儿！

毫无疑问，20岁到30岁是最值得羡慕的年龄。出生于改革开放年代的他们几乎是整个时代的缩影：无忧无虑地成长，且金钱和权力开始在每个人的心中萌芽……

（四）"90后"的人生理想：我爱富二代

当道德架构跟不上经济架构升级的速度时，"富二代"就成了时代偶像。

（五）"00后"的人生理想：我要做自己

这一代可以没有钱、没有房，但不能没有个性。孩子们的人生理想，不是有钱人就是有权人，这和我们现在的社会风气完全吻合。一个社会有一个社会的理想和前途，比如，"50后"，所受的教育就是：学会数理化，走遍天下都不怕。而现在，数理化已经变得很枯燥，是书呆子的象征，现在没有哪个"80后"妈妈会愿意让自己的孩子再重新走自己曾经走过的路。

一般2000年后出生的孩子的妈妈都集中在"80后"这群人身上，"80后"的价值观也影响到他们的后代。"80后"看到有权有钱人享受优质的生活，自然也是这些小小的孩子想要的。有钱就可以买很多玩具和自己想要的东西，有权就可以不被别人管着，相反还会管许多人，多过瘾。

其实，妈妈不必用太苛刻的眼光去看待这些孩子的理想，而是客观地去分析，因为不同的时代有不同的时代特征和气息。或许在孩子们成长的过程中，他们的理想会发生改变。就如妈妈曾经的理想一样，会在成长的过程中，有所改变。

第四章
当孩子的"魔法师"

孩子需要管，这是大多数妈妈的共识，但是怎么"管"，用什么方法"管"，才是孩子最喜欢最能接受的方式，这就需要妈妈们认真考虑了。管教孩子不仅是一种教育理念的碰撞，也是一种教育技巧和智慧的学习。

"管教"指在严格限制下所实施的一种赏罚严明的教育，此种教育一般由老师或妈妈指导实施。管教，拆开来看，一个是"管"，一个是"教"。"管"带有强制性，指妈妈作为孩子的监护人，对孩子的一些行为的约束具有强制性，而"教"则是妈妈教育孩子的重点。

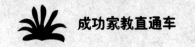
一、儿童教育应如呼吸般自然

　　儿童需要什么样的教育？以怎样的方式接受教育？这些话题一直饱受关注却又争议不断。一方面，"不让孩子输在起跑线上"，幼儿园"小学化"的现象屡见不鲜；另一方面，"别让孩子伤在起跑线上"，过度的早教显然违背了孩子的玩耍天性。那么，孩子从小学音乐、练舞蹈，这类学前艺术教育，究竟是快乐教育，还是牺牲孩子快乐的教育？

✎ 亲子故事

　　李先生是热衷于早教的家长之一，他对女儿雨欣的教育甚是关心。雨欣的爷爷奶奶是大学教授，他们夫妇又都是研究生毕业。出生在书香门第家庭中的雨欣，自然也秉承了父母的优良基因，聪明伶俐的她属于那种好学安静的孩子。

　　在雨欣一岁半时，她已经认识几百个汉字了，见到字就要念，不认识的字就会问家长，而且数字只要教一遍就能够记住。在雨欣两岁时，就会数数了，对一些简单的数字游戏更是信手拈来，很多人都认为雨欣的智力超常。

　　面对这样的"神童"，李先生自然会用心培养。于是，在雨欣4岁时，李先生就正式给她上语文、数学、英语课。雨欣学得很快，在上小学前就已经学完了小学三年级的课程。

　　由于雨欣提前学过小学课程，所以她读小学很轻松。因此，李先生又专门给她请了钢琴和美术老师。到二年级时，李先生又给她报了奥数、作文和英语兴趣班。就这样，只有7岁的雨欣，每周除了上学之外，还要参加5个课外辅导班，而且每个班都有作业，钢琴要每天弹一小时，每天还要画一幅画，做 5 道奥数题，背 10 个单词，每个星期还要写一篇作文。

自从上学之后，雨欣天天如此，几乎没有休息的时间。那时因为雨欣年龄小，所以也没有什么怨言，可是随着课程的加深，她开始感到不满、烦闷。星期日，雨欣还没完成钢琴的练习曲目，语文老师又布置了很多练习题，看着别的小朋友都在公园里玩耍，而自己却在发愁无法完成这么多的作业。这时，雨欣再也无法保证每天弹一小时钢琴的课后作业，当老师检查时，雨欣挨了批评。

第二个星期，雨欣又参加了学校的古诗文诵读达标活动，自然需要花费大量的时间来背诵，所以，又没时间练习钢琴。当然，这次的钢琴课，雨欣弹得又不是很理想，接连两次都没有完成规定的曲目，雨欣的自信心大打折扣。从此之后，虽然雨欣的学习成绩较为稳定，但是钢琴弹得越来越差，而且经常出现返工的曲子。为此，李先生经常批评她，这种情况持续了半年之久。雨欣终于向爸爸提出不想学琴了。当时，李先生狠狠地数落了女儿，从那之后，雨欣弹琴的热情一落千丈。

看爸爸态度坚决，雨欣便决定用自己的方式解决问题，先是说肚子痛不能上课，而后又说跟不上奥数和英语课，所以不想去上学了。当爸爸告诉她必须去上课时，她却因耽误课程太多，真的跟不上了。学期考试结束时，一直稳拿 100 分的她，居然只考了 60 多分，李先生感到很不满，雨欣也为此感到很沮丧。

事情远远没有结束，为了帮女儿补上落下的课程，李先生开始亲自给女儿做辅导，加大了她的作业量。虽然雨欣极其不愿意，为此也和爸爸起了很多次冲突，但是她的反对一直无效。直到最后，她开始用逃课的方式抗衡爸爸的独断专行。

进入初中后，李先生不但没有吸取以前的教训，反而又给女儿报了 3 个学习班。才上初一的雨欣，为了应付学校的作业和辅导班的作业，每天不到午夜 12 点根本上不了床。可即使是这样，她的成绩并不拔尖。一段时间过后，雨欣向爸爸提出要休学一年，直到这时候，李先生才觉得事情很严重。于是，他去学校和老师交流，这才知道雨欣上课不是睡觉，就是走神，几乎看不出半点学习的劲头。

不久之后，雨欣再也无法坚持上课，只好在家休学一年。李先生每每谈起这件事都悔恨地说："我实在是一个愚蠢的父亲，女儿在上小学时，厌学的心理就已初显端倪，而我却对此毫不在意；到了初中，孩子已经进入青春敏感期，可是我却变本加厉，进一步促发了孩子的厌学心理，最终使聪明伶俐的女儿受到了伤害。"

写给妈妈的话

在幼儿教育中，艺术教育直通孩子的心灵，能使小天使们练就积极心态、培养"自理自主自信，大胆大方大气"的气质——艺术教育能否对孩子"润物细无声"，对幼儿的成长至关重要。

印度哲学家奥修在《当鞋合脚时》一书中写道，"当鞋合脚时，脚就被忘记了"。对孩子的艺术教育亦是如此——孩子需要"合脚"的教育，"穿"上时不"硌脚"，甚至感受不到自己正在"被教育"。好的音乐教育，应该如呼吸一样自然。

但在我们当下的教育体系中，艺术教育仍不时遭受"硌脚"的痛苦。尤其是，"打着学钢琴"、"逼着学舞蹈"的情况屡有耳闻。实际上，错不在艺术教育本身，而在于教育目的有偏差，教育方式不合理。

如果能将养成教育作为一项基础课程，同时，将艺术教育融入日常生活，那么，学前的艺术教育就不会是孩子的负担，而是会欣赏、能享受、乐表现的幼儿的孵化器。

在艺术教育中，应注重培养孩子积极乐观、健康向上的生活态度，敏感的心灵和细腻的感受，注重以音乐为单元，将情感融入其中，使每个单元都传递一个做人的道理。比如，一部音乐作品《毛毛虫的新衣裳》，不仅让幼儿了解体验悲伤和快乐的情绪，还要让孩子感受理解"人人都需要关爱"、"每个人小的时候可能都是毛毛虫，但是我们长大就会变成美丽的蝴蝶"的人生启示……

我们还应该注重将音乐教育渗透到幼儿园的一日生活中。在幼儿园里，每天的晨间舞、课间操、离园活动，都可以安排不同风格的音乐作品；每个班级针对幼儿的年龄特点和兴趣爱好，将音乐穿插在日常生活的各个环节中，如入睡之前、区域游戏、收放玩具、喝水洗手等环节都有特定乐曲，让幼儿每天都沐浴在音乐氛围中。

对孩子，尤其是幼儿的艺术教育，应是"润物细无声"，从游戏中、生活中、老师的行为举止中，给孩子以触动，从而培养孩子形成健全的身心、良好的习惯、健康的审美。

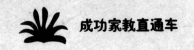

二、你的爱会让孩子"窒息"吗

妈妈总是认为自己是爱孩子的，凡事都是为了孩子好，殊不知，有些爱却会让孩子窒息。以下便是三种典型的让孩子窒息的爱。

✎ 亲子故事

故事一：以爱之名，行占有之实

孩子在房间看书，妈妈每隔 15 分钟进来一次：一会儿给他弄弄被子；一会儿端来热水；一会儿给他披上外衣。

故事二：以爱之名，行要挟之实

孩子在书桌前看书，妈妈趴在地上擦地，一会儿捶捶腰，一会儿叹口气。孩子请妈妈休息，别再擦地了。妈妈说："没事儿，只要你好好念书，妈妈怎么做都不怕累！"

故事三：以爱之名，行霸道之实

"妈妈不让你去，都是为了你好！""妈妈让你吃这个，都是为了你的健康！""妈妈让你这么做，都是因为爱你！"什么时候妈妈们可以不再说"都是为了你！"而说"那么，你喜欢什么呢？"

写给妈妈的话

（一）在妈妈的眼里看来，这是母亲照顾孩子天经地义的事，可是对孩子来说，这却是不断地被干扰、被侵犯的感受。尤其是对大一点的孩子来说，妈妈进屋来东翻西翻，是对他隐私的侵害，虽然笔者不尽同意孩子对父母的看法，却可以理解他们的感受。

（二）你能想象这话让孩子的压力有多大吗？妈妈自己舍不得吃，舍不得穿，成天苦哈哈的，可嘴里却一直念叨，只要孩子将来有出息她就满足了。你说，孩子还能喘气吗？

（三）我们不一定要完全放手让孩子做决定，事实上我们也不可能完全放手让孩子做决定，但我们能不能不要再扣上爱的帽子，我们只要弯下腰来，在做决定之前，花一点时间、一点耐心，多一点尊重，倾听孩子的声音。这样的爱就足以陪伴孩子走过风雨，也不会把他推出门外。

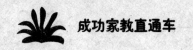
三、由中美差异反思"喂饭教育"

中国家长的教育有问题吗？对中美之间的"喂饭教育"比较之后发现，两国因为文化不同，喂养文化竟然有如此大的区别。在这里，中国家长应该反思，到底是什么剥夺了孩子的独立思维，让孩子学会了顺从。听话的孩子，是好，是坏？你怎么看？

✎ 亲子故事

周日，佳佳妈妈带着女儿去东方爱婴上了音乐课，可能上课体力消耗大了，中午吃饭倒挺爽快，回家吃了一小碗饭后，佳佳便呼呼睡了。

下午 4 点左右，佳佳醒了，看外边太阳正好，佳佳妈妈便打算给佳佳吃完蒸鸡蛋后带其去楼下玩一会儿。

谁知，佳佳午睡起床后显得特别的闹——平时很爽快就能吃完的蒸鸡蛋今天怎么也不肯好好吃，从第三口开始喂到嘴里马上就给吐出来——佳佳刚睡醒的时候嘴巴就呷巴呷巴的，而且已经睡了两个多小时的午觉，按说应该肚子饿了，但就是不肯好好吃蛋（开始以为蛋不好吃，不合宝贝的口味，但佳佳妈妈尝了一口，味道很不错，而且口感温度也正好！）。

如此反复了好多次，一小碗蒸鸡蛋喂了大半个小时，此间佳佳爸爸妈妈好话说尽，但小家伙仍然不肯配合，每次送进嘴之前答应得好好的不再吐出来，但转眼就忘，照吐不误！

被佳佳这么一折腾，平日好脾气的佳佳爸爸已经快抓狂了，而佳佳妈妈的耐心也快用完！

于是，当佳佳再一次把蛋吐在身上的时候，佳佳爸爸终于怒了！——把佳佳往地上一放："随便你吧，不吃就不吃！但今天也别想出去玩了！"

佳佳妈妈心中也着实有些生气，同时为了配合佳佳爸爸，也生气地对佳佳说："佳佳不乖！爸爸妈妈很生气！今天不去外边玩了！"

佳佳见爸爸妈妈生气，并不吵闹，跟往常一样，粘在妈妈身边东摸西摸，同时暗暗观察妈妈的反应。

妈妈拿起报纸，做状看报纸，同时也暗自观察佳佳的举动。

没过多久，佳佳耐不住了，跑来拉着妈妈的手要去阳台玩，佳佳妈妈自然不去，同时还板起脸很严肃地对佳佳说："妈妈很生气，因为佳佳不好好吃饭！今天不陪你玩了！"

佳佳现在已经很会看大人的脸色了，不知她是不是真的听懂了妈妈的话，总之不吵不闹，继续在妈妈旁边自娱自乐，嘴里还嘀咕着大人们听不懂的话。

又过了一会儿，佳佳跑去阳台，拿了一桶积木出来，同时跑来妈妈跟前，把妈妈手上的报纸拿开，拉着妈妈的手要妈妈陪她玩积木。

此时，虽然已经有些心软，但为了达到教育的目的，妈妈仍然硬起心肠做生气状，同时拒绝了佳佳的要求！

几次之后，佳佳开始明白爸爸妈妈这次是动真格的了！于是，佳佳开始用各种举动来吸引爸爸妈妈的注意力——在屋里跑来跑去或是拿着一些画报之类的举给爸爸妈妈看，最后在奔跑不慎跌倒时，便开始借势大哭——应该是不疼的，不过是想借机吸引爸爸妈妈的注意力吧！

这时，佳佳妈妈真的是心软了，忍不住把佳佳抱在怀里好言安慰。

傍晚时，仍然带佳佳去楼下转了一圈，给佳佳买了个会说话唱歌的小手机，而佳佳回到家后也乖乖地把鸡蛋吃了，并且晚上吃饭也很乖，吃了一大碗饭。

写给妈妈的话

美国和中国教育孩子的方式很多方面都截然不同，就拿教育孩子吃饭来说，中国家长讲实惠，注重孩子吃什么，吃多少，一般对吃相不太在意。美国孩子长大后注重仪态修养，尊重他人；中国孩子长大后讲究自我，看重己欲。

任何国家，不论大人或小孩，每日必经三餐。大人每天在饭桌上的言行举止对孩子身心所留下的烙印远比学校的功课更要深刻。我们一起来看美国妈妈是如何教育孩子吃饭的，和中国妈妈的教育方式有何不同。

（一）中国妈妈怎么教孩子吃饭

1. 中国妈妈爱逼着孩子吃饭

中国人重视吃饭。妈妈对孩子的爱，尤其体现在吃饭上。首先是让孩子多吃，不分青红皂白，使劲喂，只要孩子多吃就好，自古如此。中国妈妈喂孩子吃饭，小时候在自己嘴里嚼软，再喂进婴儿口中；稍大之后，一勺一勺喂；再最后是一筷子一筷子喂。经常可见祖母端着碗，四处追赶孙儿喊叫着喂一口饭。而喂的孩子的最大年龄可达十一岁。

2. 中国妈妈辛苦给孩子做饭

就是到现在，仍有绝大多数妈妈会利用中午哪怕只有一个钟头的时间，穿人山过车海，赶回家去给孩子做顿中午饭。当然，除了多吃，还要吃好，妈妈可以挨饿，但孩子碗里肉一口都不能少。能看着孩子咂嘴吃香，妈妈心里更是甜如蜜糖。

（二）美国妈妈怎么教孩子吃饭

1. 美国妈妈不逼孩子吃饭

美国的妈妈也关心孩子一天的饮食，但跟中国妈妈相比，真是天壤之别。美国人从不硬逼孩子多吃饭，更绝对想不到给孩子吃燕窝，因为大人也不吃。受教育程度高的美国家庭，会主动给孩子补钙，也都严禁孩子喝可口可乐等软饮料，还不许多吃糖。不同的是，美国孩子从能够拿得动勺子那一天起，就开始自己吃饭了，即使弄得满脸满身，妈妈也不会去管。

2．美国妈妈不给孩子做饭

美国孩子从上小学一年级开始，每天中午就在学校吃午饭，根本不会有妈妈跑回家给孩子做饭。家庭贫穷的学生还可以在学校领免费午餐。孩子在学校想吃什么不想吃什么，都是自己决定，妈妈看不见也不知道。中产阶级的孩子会带饭到学校，大多数是一片三明治、一瓶果汁再加一块甜点。孩子怎么吃，吃了多少，又丢掉多少，妈妈一无所知，也根本不问。

3．美国孩子吃什么自己决定

美国家庭吃饭，桌上摆几样菜，孩子喜欢吃哪样或者不喜欢吃哪样，都由自己决定。美国妈妈把孩子当作跟自己平等的人，尊重孩子个人的意愿。事实上，几乎所有美国孩子都不喜欢吃青菜，有的美国妈妈会要求孩子吃一些，如果孩子坚持不吃，也就不吃了。尽管美国妈妈也知道青菜的营养价值，但他们绝对不会强迫孩子去吃。美国孩子吃饭，自己说吃饱了，就可以立即放下刀叉，甚至离开饭桌。美国妈妈不会在孩子说吃饱后，还连哄带骗的逼孩子多吃几口才许离桌。

4．美国的妈妈教育注重培养孩子的独立思维

美国人在吃饭这件事上的态度和做法，体现了美国儿童教育学的一个核心目标：培养孩子独立思维的能力。孩子吃饭，必须自己决定喜欢吃什么，不喜欢吃什么，或者自己是否吃饱。如果明明没有吃饱，而是为了贪玩而不再吃，那么过一会儿他挨饿，就活该了，因为那是他自己的选择，他必须自己承受后果，真正尝到苦处，下一次就不会重犯。美国人爱说，犯错误是一个不可缺少的学习过程，儿童教育学对这一认识尤其重视。

美国妈妈相信，孩子的生活是孩子自己的生活，不管现在还是将来，孩子只能过自己独立的生活。所以必须尽早培养孩子独立生活的能力。与此相反，中国妈妈则认为孩子年纪尚小，缺乏生活经验，没有能力作出正确选择，所以妈妈必须替孩子做决定。比如孩子们不喜欢吃青菜，那妈妈肯定会逼着他们吃；孩子才吃一碗饭，妈妈就一定要逼他们再多吃些。

（三）反思中国妈妈教育

1．中美妈妈教育方式的结果有什么区别

在这样两种不同生活环境里，美国孩子可能免不了经常挨饿，中国孩子从早到晚肚子都饱饱的。美国孩子因为不吃青菜，营养要靠维生素补充，中国孩子营养在饭菜里都吃够了，要补的只有燕窝和人参。美国孩子从小懂得，自己应该决定要什么，不要什么，是饥还是饱；中国孩子从小明白，大人知道的事情比小孩子多，所以时时处处要听大人话。美国孩子从小有什么说什么，不想吃就说不吃，吃饱了就说吃饱了，他们有充分的自信，也能得到父母的信任；中国的孩子从小明白，自己说什么也不会被信任，时时刻刻要等待大人的命令。每天都要讨好大人，不喜欢吃也说真好吃，吃饱了也说还要吃。

2．中国孩子最爱说的一句话："我听话"

美国孩子长大后，最爱说的一句话是："我知道，我会。"中国孩子长大后，最爱说的一句话是："我听话，我是好孩子。"美国孩子半饥半饱，独往独来，自己想说什么就说什么，想做什么就做什么。中国孩子则肚皮鼓鼓，面色红润，长大后服从领导，兢兢业业，领导让说什么就说什么，让做什么就做什么。

3．美国妈妈尤其注重孩子的吃相

美国妈妈不管孩子吃什么，饱不饱，却严格管教孩子的吃相。美国人吃饭时，不许端起盘子放在嘴边，不允许张着嘴咀嚼然后双唇作响，不许大声吸面条、稀饭或者其他液体，不许含着满嘴饭菜含混说话，更绝对不许进了嘴的东西再吐出来。孩子从小就开始训练拿刀叉把排骨、鸡鸭、鱼虾之类在盘中剥净，只叉肉或虾仁入口，而且剥离肉和骨头时还不能在瓷盘上切出声响，一但"砰"的一刀切到盘子上，妈妈就瞪起眼睛，孩子必须赶紧道歉。

中国妈妈讲实惠，注重孩子吃什么，吃多少，一般对吃相不太在意。大人小孩，吃得热热闹闹，咂嘴吸汤，剔牙打嗝，十分尽情尽兴。美国孩子长大后注重仪态修养，尊重他人；中国孩子长大后讲究自我，看重己欲。

四、教育孩子别拿别人家孩子说话

所谓"人比人，气死人"并非戏言，心理学认为：攀比心就是分别心，它会强化高低贵贱的失衡心理，这就是不安定因素的根源。

✎ 亲子故事

《明史》中有一段关于大学士张居正成长经历的描写——张居正小时品学兼优，因此成为乡里同龄人的榜样。其中有一位小王爷，因不务正业常遭其母责骂："你看人家张白龟（张居正幼时名'白龟'），样样比你强，再看看你……"因此，小王爷记住了这个名字，且怀恨在心，等他长大了，便倚仗自己的权势将张居正的亲人加害致死，用以满足因童年的嫉妒而导致的报复心理。

想必小王爷的母亲抓破了脑袋也想不到，正是由于她的"树立榜样"和"严格要求"，才在儿子心里埋下了"定时炸弹"。

写给妈妈的话

由此联想到时下一篇广为流传的微博："别人家的孩子"，它的内容与五百年前那个王府里发生的事情一样：妈妈总拿别人家的孩子和自己的孩子比。而无论好心的妈妈在说"看看别人家的孩子，再看看你"时出于何种目的和动机，有一点是肯定的：孩子听到时，会感受到三种信息：

（1）安全感丧失，因为妈妈更关注别人家的孩子。

（2）自己的状态不被妈妈接受，成为别人才是好的。

（3）妈妈对自己孩子的爱是有条件的。

这些信息叠加起来，就会形成生命能量的内耗。什么意思？就是一个孩子本来有机会按自己的特长发展，却因妈妈的要求而被迫朝另一个方向发展。

比如有一个男孩子从小喜欢画画，连美术老师都说他"有潜质，若用心引导必可成器"。然而，固执的妈妈成天把爱因斯坦、牛顿和爱迪生等挂在嘴边，要么就以邻居家的孩子作为榜样，什么"看看人家考的，再看看你？""人家怎么就比你聪明，比你细心？"或者是"别人家的孩子怎么就那么懂事，那么用功，你怎么就那么没心没肺？"

孩子在这些榜样和否定面前一天天长大，令妈妈遗憾的是，他没有成为科学家或医生，也没有成为画家，而只是一个自卑的人。

那么，按妈妈所要求的，拼命地成为别人（科学家或别人家的孩子），就会对不起那个真实的自己——两个自我始终在冲突。最终，自己的理想无法实现，别人的成功也无法复制。

其实，大多数人的童年都具有相同的经历，比如在说话的时候，孩子的说法往往得不到认可，而一定要搬出父母和老师，再大一点，搬出权威，什么引经据典，参考文献，就连招聘或择偶时，也以对方的口碑、标签和外人评价为主……是的，我们很难相信自己的判断，具有自己的主见，因为早在童年，我们就必须遵从大人的指令，不能相信自己，别人的评价要比自我认知可靠得多。

本能的自我评价，早在童年阶段就被剥夺了。从而导致长大成人后，我们很难接受自己，包括自己的观点和兴趣，自己的情绪和目标，也很难有耐心去接纳别人的缺点，因为不接纳自己的人，也不可能真正接纳别人。

因此，健康的爱是提供孩子一种良性的评价机制：对自己，要扬长避短，对朋友，要取长补短。即要引导孩子发挥自己的优势，力不从心时，请朋友协助。而不是放大别人的长处而轻视自己的长处。由此，孩子才能产生自信和自爱，也才能自尊和自立起来。

五、教育孩子不能"想当然"

教育宝宝，有很多"想当然"的做法事实上是错误的，并且错得很离谱，正是这些想当然的行为扼杀了孩子最深的纯真。以下六个故事，就折射出了六大教育"硬伤"。

✎ 亲子故事

故事一：家长的权威不是靠"吓"的

妈妈下班了，打开家门，就看到：多多正边吃晚饭边看电视，手里还把玩着不少的玩具。奶奶则端着饭碗跟在多多身后。

放下背包，妈妈说开了："多多呀，刚才妈妈在楼下看到警察叔叔了。他告诉妈妈，正在找不认真吃饭的小宝宝，要把不乖的宝宝抓到警察局里去。你怕不怕警察叔叔？再不听话，就把你送到警察局关起来！"

晚饭后，妈妈看到多多玩得太兴奋了，在小区里跑来跑去的，出了不少汗。妈妈又说道："多多，医生阿姨要来抓你了！快过来，穿衣服。不然，让你到医院，打针！"

故事二：不要替孩子"长脸"

乐乐和妈妈一起堆沙子。一会儿提水，一会儿堆土，亲子氛围其乐融融。

这时，有小同伴过来了，想借一把铲子。还没等乐乐做出反应，妈妈就说开了："乐乐，借给哥哥，好吗？乐乐乖，好东西要大家分享。妈妈告诉过你，要大方的……"长篇大论后，妈妈把铲子给了同伴。可乐乐呢，转身走开了。

故事三：别剥夺孩子的学习机会

海洋球池里，一群孩子在玩耍。一个哥哥快速、熟练地从一旁的滑梯上滑下，"嘭"的一声，躺在球池里了。这时，周围聊天的妈妈们寻声而来，一边嘟囔着，一边把自己的宝宝从球池里抱出。霎时间，球池里只剩下两三个大孩子。

故事四：别替孩子看世界

全家出门去公园游玩，热热闹闹的。妈妈看到花了，笑着说："宝宝，这是菊花。看它的花是黄色的哦！"远远的，风车在转，爸爸说："宝宝，你看，那是风车哦。"这时，爷爷一抬头，发现鸽子了，连忙大叫一声："宝贝，天上有鸽子在飞。"……

故事五：别因孩子可爱就乱了套

妞妞刚起床一会儿，乐滋滋地在房间看《天线宝宝》！"妞妞乖，把尿包扔到垃圾桶去！"妈妈在外面喊。这时，爷爷进房间了，妞妞马上笑嘻嘻地说："爷爷扔，爷爷扔！"

爷爷慈爱地摸了下妞妞的头，提了尿包走出来，有些得意地跟妈妈说："咱家妞妞越来越聪明了，自己不扔叫我扔，这小家伙，呵呵。"

妞妞一周时，爷爷闲下来，最喜欢逗妞妞玩。"妞妞，打爷爷，打爷爷！"爷爷笑眯眯地抓起宝宝的小手，轻轻拍打着自己的脸庞，妞妞一边拍，一边"咯咯"地笑了起来。

故事六：孩子没你想的那么脆弱

一群孩子在一起玩耍，妈妈看到宝宝正在和一个年龄较大、性格活泼的大哥哥在一起玩。这时，大哥哥轻推了宝宝一把。只是因为宝宝站错位置了，绝无恶意，宝宝很自然地走开了些。可这时，妈妈却箭似的奔跑过去，喊了声："小心点，宝宝！我们去那边玩。"

写给妈妈的话

（一）生活中，有的妈妈会借用"警察"、"医生"、"小偷"等这些特殊职业人物的权威，"威胁"孩子吃饭、睡觉。也许一时有效，可长久之后，孩子不仅会对这些职业产生恐惧，而且会产生不安全感。

孩子不听话时，妈妈总是忍不住摆出大人的权威，强制、命令、恐吓，这些都不是良好的沟通方式。妈妈何不编个可爱些的小故事呢，或顺着孩子的性情喜好，去摸索一些更睿智的方法。多些耐心和童趣跟孩子交流，孩子会更容易接受。

（二）孩子大一些，带出去玩，妈妈当然希望孩子给自己"长脸"。但乐乐妈妈的行为，实质上干扰了孩子之间的独立交往，让乐乐失去了一个跟同伴交往的锻炼机会。

年轻的妈妈永远是站在孩子身后。碰到类似问题，妈妈不妨等一等，先观察孩子的反应，如果孩子很乐于把铲子借给对方，马上拥抱孩子，告诉孩子："你很棒！"如果孩子不肯借，你再适时加入，引导他与同伴正确交往。

（三）看着大孩子"粗鲁"地"闯"进了海洋球池，周围聊天的妈妈们赶紧采取"保护"措施，把宝宝抱了出来。妈妈用自己的预想，保护了孩子的身体，却破坏了孩子们宝贵的学习环境。

妈妈心里关切着孩子，但表面上要不动声色地走到球池边。你可以引导宝宝为这个大哥哥鼓掌，而大孩子看到妈妈在也不会太为所欲为。何况孩子之间的交往，多数没有恶意，妈妈完全可以"暗中保护"，又不破坏现场的愉快气氛。

（四）还没等孩子自己发现，妈妈就急不可待地把看到的东西指出来。表面上看，这是向宝宝传授知识，实际上却局限了孩子整体观察的能力，也剥夺了他们自我探索的乐趣。

妈妈不妨等孩子对某个事物特别关注时，你再开口说话。而且要注意，不要直接告诉孩子这是什么，而是多用问句的方式，引导孩子一起来观察。比如，当宝宝在看花的时候，你可以这样问：你在看这个吗？上面有什么？花是什么颜色的呢？……

（五）当孩子们动用"小聪明"、"小伎俩"来对付大人时，很多妈妈明知道不对，却又忍不住对孩子的机灵津津乐道。妈妈表情、语气、行动的不一致性，常常让孩子无法正确分辨，导致了错误的模仿。

孩子最初的社会秩序和规则感，往往来自于耳濡目染的家庭环境。妞妞确实很聪明，懂得把事情"转嫁"给爷爷做，但这并不值得赞赏，而是要语气平静地告诉她，自己的事情还得自己做。面对孩子的"聪明"，妈妈要多些理性，并且全家一致。

（六）宝宝被大哥哥推了一把，不少妈妈心里会不舒服，认为自己的孩子被欺负了。其实，孩子们的交往是单纯的，他们表达情绪很直接。也许前一分钟，他们还在推来推去，后一分钟，就拥抱欢呼。

妈妈带着成人的眼光出手"保护"，让孩子失去了很多"受挫"的机会。

妈妈不可能永远地守护在孩子身边，让他自己先试着解决，其实孩子很坚强。

六个小小的故事里，都暗藏着不同的教育智慧，能让有不同"涂鸦行为"的妈妈有所领悟，并努力改进自己，成为孩子成长路上用心的"雕刻者"。

六、"逆向关怀"教育让孩子更坚强

我们的孩子过着越来越优越的生活，妈妈和社会为他们提供越来越优越的条件。长此以往，孩子岂不是坐失适应能力、生存能力？

✎ 亲子故事

美国洛克菲勒集团创始人老约翰为孩子提供挫折教育的例子，可供我们借鉴。老约翰只有一个儿子。有一次，老约翰张开双臂，叫儿子跨越椅子跳到自己的怀里来，小约翰听到父亲的呼唤，高兴地冲过去，但老约翰迅速地把双臂移开，小约翰重重地摔在地上。对着发怔的儿子，老约翰意味深长地告诫他：在生活的道路上，什么事情都会发生。

日本人对此考虑的比我们深远得多。他们深感年轻一代的创业精神远不及老一辈，便想方设法对孩子进行"吃苦教育"。为了不忘过去最苦的日子，日本一所学校给孩子做了"忆苦饭"，结果孩子面对大人当年吃过的糠菜号啕大哭，拒食三天，可校方仍毫不动摇。第四天，孩子终于咽下这顿忆苦饭。在日本的许多孤岛或森林里，常常可以看到小学生的身影，他们在没有老师带领的情况下，面对既无粮又无水的可怕境地，安营扎寨，寻觅野菜野果，捡拾柴草，寻找水源，自己"营救"自己。这些孩子都是家长主动送去的。像这样的"吃苦"教育，在日本是孩子们的必修课。日本每年都要定期举办"田间学校"、"孤岛学校"、"森林学校"等，组织学生到田间、森林或海岛去"自学"，让孩子经风雨，见世面，培养吃苦耐劳的精神和克服困难的毅力；让孩子在自然界的竞争中求得生存和发展。

写给妈妈的话

"逆向关怀"一词来源于动物保护。美国阿拉斯加国家动物园的鹿苑里，鹿群因不必为觅食而发愁，也不必为逃避敌害而穷于奔跑，因而很快就繁殖起来。然而在一度兴旺之后，病弱残疾者与日俱增，最后竟出现濒临绝种的危机。当地政府曾不惜斥巨资予以挽救，可惜一概无效。后来一位聪明的管理人员建议，把几只凶残的恶狼引进鹿苑，许多病弱的鹿被捕杀了。几年后，鹿的数量不但没有减少，反而大大增加了。狼捕食了病弱者，又迫使鹿群为逃避狼害而重新拼命奔跑，从而使得留下来的鹿群体质日益健壮。后来，人们把这种奇特的动物"保护"方式称为"逆向关怀"。

动物需要"逆向关怀"保护，我们的孩子们需要不需要这种"逆向关怀"呢？回答是肯定的。我们的孩子过着越来越优越的生活，社会和妈妈为他们提供越来越优越的条件。长此以往，孩子岂不是坐失适应能力、生存能力？

现在的孩子大多没有逆境可处，要想让他们成才，就要让孩子学会面对挫折，经历磨难，认识世界的复杂、人生的艰辛。在挫折中磨炼自己，最终养成完美的人格和健康的心理，养成克服困难、战胜挫折的坚强毅力。

爱子之心，人皆有之，希望孩子成才，将来在社会有所作为，也是人之常情。但要爱得深沉，爱得高远。妈妈们不要"心太软"，要硬起心肠，收藏起一半爱。

七、家庭教育最忌三个"错位"

教育孩子是门学问，妈妈在生活中的一言一行都会影响到孩子的成长，所以妈妈应该特别注意自己的教育方法，以下三件事，聪明妈妈要注意避忌。

✎ 亲子故事

故事一：让分享退居二线

小区的绿地旁，天天和妈妈拍球，球从妈妈手里传过来，天天没接住，跑着去捡。就在这时他看见了正在摆弄着玩具推土机的苗苗，顿时忘了球在不远处等他，上前一把夺过苗苗的推土机。苗苗正玩在兴头上，被这突如其来的"抢劫"吓了一跳，一时不知所措，但瞬间就反应过来了，生气地对天天说："这是我的，给我！"天天一言不发，紧紧地把小推土机抱在胸前。苗苗伸手去掰天天的手，天天反而抱得更紧。

苗苗妈静静地看着两个孩子的争执，看来是想让孩子自己解决这一纠纷。苗苗无助地看看妈妈，急哭了。这时站在一旁的天天妈拿着球过来对苗苗说："天天是弟弟，你是小姐姐，姐姐应该让着小弟弟是不是？天天玩一会儿你的车就还给你，你先玩玩他的球好不好？"看着阿姨递过来的球，好说话的苗苗不哭了："好吧，那他玩一会儿就得给我。"天天可没苗苗这么好说话，自己的东西绝不能让别人碰。为了不惹恼儿子，天天妈趁他不注意，把一个小风车递给苗苗玩。

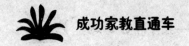
故事二：打人也是自卫

童童上幼儿园的头几天，几乎天天带"伤"回来，不是胳膊被小朋友划了一道，就是手上被抓破点皮；即便没留下痕迹，也会向妈妈诉苦：某某小朋友今天打我了。爸爸说："以后谁再欺负你，就告诉老师。"妈妈立刻反驳："告诉老师有什么用？小孩子不长记性，过不了3分钟就忘了。宝宝听妈妈的——下次谁再打你，你也打他。"说着拿自己当"靶子"，抓着童童的手给他示范。在妈妈的教唆下，童童学会了打人，即便小朋友没有动手，童童遇事也多半是"拳头先行"。

故事三：放大孩子的"闪失"

文文刚学会走路，跌跌撞撞的，一时平衡没掌握好，摔了个跟头。文文还没哭，妈妈就大呼小叫着冲到孩子跟前，哄着、抱着、吹着、揉着，一边用脚使劲踹地，替孩子出气。经妈妈这么一折腾，文文反倒大放悲声。

写给妈妈的话

（一）天天是家里的"中心"，想要什么妈妈都立刻满足，家里没有的也会在最短的时间内买来给孩子。于是，2岁多的天天不能接受别人说"不"，凡事以自己的需要作为唯一的标准，不懂得体谅别人。

天天妈为儿子独挡一面，表面上看是护着孩子，实际上是害了他。哪一个孩子都不可能避开社会这张大"网"，天马行空、独往独来，他必须经历一个社会化的过程。这个过程是通过学习与人交往等技巧开始的，而分享则是与人相处的基本规则。很多情况下，孩子必须要与他人共同分享许多权利，不能独占，更不能把不属于自己的东西据为己有。如果孩子做不到这一点，就得不到尊重、信任、友谊、支持，得不到他人给予的成长动力，当然也很难找到合作伙伴，纵使他聪明过人，终将一事无成。

（二）从小培养孩子的自卫和竞争意识是对的，但童童妈的做法过了头，助长了孩子的攻击性行为。强硬的态度和过激的做法有可能暂时奏效，但长久效果并不好。因为孩子也会吃一堑长一智，你有"政策"我有对策，最明显的后果是大家都不喜欢跟打人的孩子玩了。失去了小伙伴，孩子内心是很痛苦的，时间久了，孩子会因此感到孤独、无助、压抑，严重的还可能产生心理障碍。

妈妈应向孩子灌输这样一种概念：纵使遇到了天大的事情，也得讲理，有理走到哪里都会得到他人支持，最终也能达到自己的目的；如果说不了几句话就"动武"，是无能的表现，也是和小朋友交往中的下下策。妈妈要有意识地让孩子学习用语言来表达自己的需求，用话语阻止小伙伴的过激行为，促进孩子的语言发展，与小朋友和谐相处。

（三）文文的娇气来源于妈妈的心理承受能力差，把芝麻大的磕碰夸张到西瓜那么大，对宝宝过度保护。而且，对事情的原因往往不分青红皂白，一概怨天尤人，设法找出他人或外界的错。在这种环境中长大的孩子，自然也不能接受一点点的"不顺"，心理和感情脆弱，胆小、退缩、狭隘、偏激，习惯于推卸责任。

对这样的宝宝，妈妈聪明的做法是自己先坚强起来，即便是孩子真的摔了、碰了，自己也要沉得住气，因为事已至此，与其哭和抱怨，不如鼓励孩子勇敢地想办法来解决、弥补。让孩子知道这是生活中常有的事，不必大惊小怪。当然，趁机教给孩子自我保护的方法，他会印象深刻，效果比平时说要好得多。

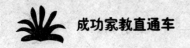

八、"五分"教育法更利于孩子成长

　　妈妈对孩子过于疼爱，事事包办，以为这样子就是对孩子好，殊不知会养成孩子懒惰的性格，会害了孩子的一生。有时候，不为孩子包办，做事只做一半，留一半，反而会引导孩子学会各种生活技能和养成良好的品格。所以，妈妈要学习学习啦。

　　现在大多数孩子都是独生子女，一般是几个大人围着一个孩子转，孩子就是家庭的中心，衣食住行全由父母或长辈代办。有时候妈妈急性子，嫌孩子动作太慢，浪费时间，不如自己包办；有的妈妈还认为孩子小，磨蹭是暂时的，现在我先包办了，等他长大了再说不迟。其实，这些教育方法都是害了孩子，真正好的教育是，父母不包办，做事只做一半。

✎ 亲子故事

　　一家长的孩子双脚沾满泥浆，从外面玩回来。但是，妈妈在为孩子换鞋袜时，只给孩子穿上一只鞋、一只袜子后就走开了。

　　原来，这是这位妈妈创造的家庭劳动教育法。就是不管做什么事情，只为孩子做一半，另一半则由孩子独立完成。譬如，孩子的鞋脏了，就手把手教孩子擦亮一只鞋，另一只鞋交给他自己动手擦干净；孩子洗手时，只给他洗一只手，另一只手他自己去洗，因为这样可以迫使孩子为了两只鞋一样亮，两只手一样干净，而自己动手将另一只鞋也擦亮，另一只手也洗干净。总之，为孩子做事情就只做一半，剩下的留给孩子自己动手做。

写给妈妈的话

这种只做一半的教育与"授人以鱼，不若授人以渔"有异曲同工之妙。

人都喜欢舒适的环境，喜欢尽情享受，愿意被人照顾，感受不动脑筋、不费力气的幸福日子。孩子也一样。所以，妈妈长期这样包办代替的结果就是妈妈每天忙得不可开交、疲惫不堪，而孩子心安理得地等着被照顾，等着妈妈来帮忙，体会不到家长的辛苦，自己的行为能力也没有得到提高，责任感也没有培养起来，等到自己必须做事情的时候，不知道着急。

孩子渐渐长大了，会把这样的行为习惯融入自己生活的方方面面。现在总是有很多妈妈在说孩子磨磨蹭蹭让人着急，又有谁想过孩子磨磨蹭蹭的行为习惯有多少是妈妈自己亲自培养的呢？

所以，好的教育方法是，妈妈要学会适时放手，不要事事为孩子做，可以只做一半，顺便引导孩子怎样做。

（一）妈妈学会放手，逐步减少过度帮助

只要孩子自己能做的事情，就要让他尝试自己做，即使做不好，也要给予表扬，从而增强孩子的自信心。可以先指定一两件事情，限制时间让孩子完成。比如，起床穿衣服，先规定要自己穿，因为还不熟练，开始妈妈可以适当帮助，限定的时间也要长一些，经过一段时间的训练后，逐步妈妈不再帮助，再缩短穿衣服的时间，最后达到自己又快又好地起床穿衣。

妈妈要改变"孩子小，以后再培养也来得及"的错误观念。每个年龄段，都有他们自己力所能及的事情，妈妈可以根据孩子的特点，制定什么事情是孩子自己要做的。这样安排好，孩子习惯了自己的事情自己做，到时候，不用妈妈催促，自然就会去做，动作就快了。

妈妈放手让孩子做事情要逐步进行，不是一下子什么都不管了，走向另一个极端。妈妈一下子什么都不管，会让孩子不知所措，觉得事事都难做，事事都不成功，心里憋气窝火，觉得自己很笨，挫败感油然而生，对做事情产生极大的抵触心理，最后可能会自暴自弃，什么都不做了。

我们要求孩子自己的事情自己做，目的是让孩子学会做事情，学会加快自己的速度，知道自己承担自己的责任，达到这个目的就好了，千万不要教条，让孩子觉得妈妈刻板而冷酷。

妈妈放手让孩子做事情是对的，但是今天特殊，比如要迟到了，还让不让孩子自己穿衣服呢？要灵活掌握，千万不要死板教条，弄得孩子害怕迟到哭哭啼啼。明天早起一点，可以继续训练。当然，若孩子成心捣乱，那就另当别论了。

（二）合理运用对比法，激起孩子的热情

我们所说的合理对比，就是巧妙地和别人对比或与自己前面的成绩对比，找进步，找希望。值得妈妈注意的是，我们这里的对比，是比进步，不是给孩子树立模范榜样让孩子去学习。比如，让孩子比较："自己迅速做完事情的感觉，与妈妈替你做事情后唠唠叨叨，哪个心里舒服？""昨天穿袜子，你自己穿一只，妈妈给你穿一只，你比妈妈慢，今天怎么比妈妈快了？""今天如果有人问你：衣服谁给穿的？你可以理直气壮地告诉他：我自己！""你自己有没有觉得自己越来越棒了？""前两天你还拒绝妈妈的要求，说什么也不自己洗脸，今天自己都会像妈妈一样用洗面奶了，妈妈觉得你在进步，是不是？"同时你可以鼓励孩子，提高要求："今天我们要比昨天快一些好不好？"你会发现，孩子的积极性被你调动了起来，做事情越来越有热情了。

妈妈最好及时与老师进行沟通，希望在改变孩子磨磨蹭蹭习惯问题上能得到老师的帮助，让老师减少一些批评，并给予更多一些的鼓励。这样家校配合，对改变孩子养成自己做事情的好习惯大有益处。

（三）妈妈故意"耍赖"，逼孩子自己做事

"耍赖"可以说是孩子的法宝，为了达到自己的目的，孩子经常这样做，而且屡屡得逞，于是在以后更会运用得淋漓尽致。其实妈妈不妨学习孩子，适时运用一下"耍赖法"，以其人之道还治其人之身，会收到奇效。

比如，孩子要穿鞋到外面去玩，这时孩子是恨不得马上飞到外面去，会急着催大人快点给他穿鞋、系鞋带，这时不妨磨蹭一下，然后再告诉他，大人系一只鞋带，另一只自己完成，两个人做事情会比一个人快的。孩子可能会着急、跺脚，不要理会，一定要等到他自己着急地动起手来。

如果他不动手，你就催促他，让他帮忙，然后说："看来你不着急，我也就不用着急了！"于是你故意放慢速度，或者成心把鞋带系坏，目的是让孩子着急，自己也动手帮忙。这是"软"的耍赖方法。

还有"硬"的耍赖方法，开始要帮助孩子系鞋带的时候，就告诉孩子，一人一只，这样分工快。妈妈做完就不管了，就是耍赖告诉他不能帮他了。在看来帮助无望的情况下，他也会自己完成的，而且，速度也不一定慢，因为外面精彩的世界在吸引着他。

耍赖法要运用得当，不能太随意，不能太多，引起孩子的太大反感，就会失去效力。既然妈妈运用了"耍赖"的办法，就必须坚持到底，不能被孩子的软磨硬泡或发脾气给难住，不能心软，否则前面的努力会前功尽弃。

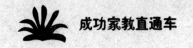

九、"棍棒模式"折射教育之困

受传统家庭教育父母权威观念的影响，有些妈妈管教孩子的方式很简单，非打即骂，"棍棒底下出孝子"是很多家长信奉的家教法则。棍棒型教育早就被证明是不适合孩子的教育方法，即使教育必须有一定的惩戒，但是打骂孩子无疑是家长无能的表现之一。

在"棍棒教育"模式之下的确诞生了许多杰出人才，然而也酿出了不少悲剧。

✎ 亲子故事

2013年5月3日上午9点20分左右，江苏省淮安市北京北路上，一名小学生跪在路边哭泣，许多过路的热心市民将跪地少年扶起。据了解，少年跪地是因为在学校偷拿同学的钱物被老师停课，家长得知后暴打少年，并责罚其跪在路边不准回家。

回想童年，或许我们还记得自己被父母从电子游戏厅、网吧拖出来痛打的情形，或者还对那一记火辣辣的耳光而耿耿于怀。孩子的心有多少父母能真正的读懂，只知道一顿暴揍。至今仍然有不少父母笃信"棍棒之下出孝子"的教育理念，我想根本原因在于他们就在"纳诲于严父慈母"的家庭环境中长大，"不打不成才"的观念根深蒂固，于是出现了越来越多的"狼爸狼妈"。我们必须承认：在"棍棒教育"模式之下的确诞生了许多杰出人才，然而也酿出了不少悲剧："2003年武汉市的一个父亲只因为听说，儿子偷拿了邻居家的东西，就将其用尼龙绳倒捆在靠背椅上致其死亡"，"2004年烟台市一男子看到自己儿子在家玩电脑游戏，于是捆绑其四肢并进行电击，最终导致儿子四肢被严重电伤"。近年来这样的悲剧更层出不穷，广东"狼爸"暴打女儿致死，温州"狼爸"体罚女儿致死。更有不少父母盲目、自私，假他人之手将自己的孩子推入了泥沼。

写给妈妈的话

对于绝大部分子女来说，这种暴力教育让他们异常反感，这样根本让他们感受不到家庭的温暖，感觉不到父母的关爱，让他们宁愿流浪也不愿回家，更让他们加倍敌视仇恨社会。媒体报道"某城市就曾对四百余名少年犯进行了调查，发现有84%曾经受到过来自家庭的暴力"，于是"暴力教育"、"棍棒教育"受到了普遍的质疑。因此，我们渴望找到科学而有效的教育方式，使父母与子女能得到更好的沟通。本案中小男孩被疑偷同学的东西，于是父母"恨铁不成钢"，不顾孩子的脸面、自尊而让他跪在马路边。这是绝对不行的，那我们应该怎么办呢？

首先妈妈应该问清楚原因，当孩子在犯错之后，妈妈最先要做的是控制自己的情绪，与孩子正确的交流，了解孩子偷拿东西的原因。千万不可当着他人的面训斥孩子，以免使孩子产生羞辱感。孩子产生偷拿行为的原因各式各样，一定要准确了解孩子偷拿行为的背后因由，才有可能真正的引导和教育孩子。

其次要解决当前的行为，体罚和忽视都不能解决根本问题。在了解孩子为什么会偷拿之后，妈妈就要想想采用什么方式来处理这个事情。如果孩子拿是因为想要得到某种东西而去偷拿，可以告诉他们以后遇到想要的东西，需要直接跟妈妈商量，妈妈会对他的建议进行考虑来满足他的需要，并教育孩子，不要盲目地攀比，学会自律。如果孩子的偷窃是因为长期被忽视，产生了想用特殊手段来引起父母的关注，那么妈妈就应该反思、检讨一下自己，想想你是不是平时对孩子的关爱交流太少。如果是，那就该努力营造温馨、民主、和谐的家庭氛围，让孩子在家庭里得到温暖与关怀，并且要多关心孩子的心理需求，平时多与孩子进行沟通交流，了解他们的心理动态。

最后妈妈要选择一个适当的时机，与孩子坐下来聊一聊她的生活，让孩子有机会把心底积压的负面情绪尽情地宣泄，做一回孩子真正的"知心朋友"。在谈话的过程中妈妈要充分表达对孩子优点的欣赏、对孩子渴望进步的信任"。向孩子介绍父母的工作状况、家庭的经济条件，让孩子理解父母的辛劳、获得金钱的正当渠道，以及"偷钱、偷东西行为"的可能后果。通过"动之以情，晓之以理"地沟通，让孩子懂得父母的爱，知道"世间爹妈情最真，泪血溶入儿女身。殚竭心力终为子，可怜天下父母心"。

孩子犯错，上帝都能原谅。因为我们曾经都是孩子，所以当孩子犯错时，我们都应该站在孩子的角度，用孩子的眼光重新审视理解这个世界。多去了解孩子的需要，多给孩子一些关爱、一些理解、一些鼓励、一些信心。希望妈妈们能够放开心怀与子女建立"新亲子"关系，寓教于乐。其实教育本身没有定数，只要科学有效，都可以尝试。愿妈妈们都能成为孩子们的"大朋友"，希望每个孩子都能够健康快乐地长大。

第五章
让孩子成为"学习之神"

在孩子的教育过程中，妈妈对孩子的学习成绩最为关注，投入的精力也最多。不管出于自发地追求孩子高成绩的目的，还是被社会大环境所影响，妈妈们总是不由自主地要求孩子提高成绩。我们送孩子读好学校，希望孩子考出好成绩，这都无可厚非。但是，作为父母，我们应该考虑到孩子的情绪，考虑给孩子安排那么多学习任务，孩子是否能够承受，是否具备能力，是否乐意去做。把学习这根弦绷得太紧的话，容易让孩子失去学习的兴趣，产生厌学情绪，进而讨厌上学，讨厌一切，消极沉沦。

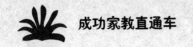
一、如何激发孩子的学习潜能

有些学生常常因为记不住所学的知识，考试成绩不佳而烦恼，他们或者是怀疑自己的脑子生来就比别人笨，或者认为从小学到中学记的知识太多了，自己的脑子可能比别人小些、轻些，所以记忆力不佳。诚然，记忆是大脑的功能，不能说与大脑无关，但是从生理结构上找原因，说明记忆力的好坏，是不科学的。现代成年人脑平均重量 1400 克，有的人脑重量高于平均数，有的人脑重量低于平均数，但是这种轻重的差别，与记忆力的好坏并无必然的联系。有人对世界名人的脑重量做过调查，结论是：杰出人物的大脑未必重，普通人的大脑未必轻。著名作家屠格涅夫的脑重量 2012 克，法国著名作家法郎士的脑重量只有 1017 克，两人的脑重量几乎相差 1000 克，但却都是闻名于世的大作家。科学巨匠爱因斯坦的脑重量只有 1179 克，还没有达到人的平均脑重量。

✎ 亲子故事

"妈妈，我得了全省特等奖！"电话的一端，儿子小光迫不及待地向妈妈温碧茹报喜。

去年 11 月，小光报名参加了江苏省第 19 届金钥匙科技竞赛。报名之初是本着体验比赛、锻炼能力的心态，但令大家感到意外的是，小光居然获得了大奖。妈妈虽然略感意外，但还是十分高兴。

回忆比赛刚结束时，小光顺利地答完试题，曾骄傲地说："这种比赛无须复习，比拼的关键在于平时的积累，因为试题涉及的范围太广了。"由此可见积累的重要性，事实上，小光在很小的时候就已经开始积累了。

小光在两三岁时，也和其他孩子一样对自己的影子着迷，无论是站立还是走路，都会紧紧地盯着自己的影子，甚至会走着走着突然停下来转上两圈，看自己影子的变化。当妈妈发现他有这个兴趣时，就有意识地在早晨、中午和傍晚等不同时段陪儿子一起看影子的变化。

"儿子，你的影子好长啊！""咦，小光，你的影子怎么变短了呢？""你的影子跑到前面去了……"在妈妈温碧茹的提示下，小光开始提问了："妈妈，为什么影子会有长有短？""妈妈，小光没有变，为什么影子会不断地变幻呢？"

此时，妈妈找来手电筒，又拿来各种玩具，然后开始和小光做游戏。电筒忽远忽近，从这边过渡到那边……渐渐地，小光开始明白，随着手电筒位置的转移，影子的长短会随之改变，影子的长短与玩具和手电筒之间的距离有关。"太阳、月亮和路灯就像手电筒，小光和妈妈就像玩具一样，这个道理你能明白吗？"小光郑重其事地点点头。望着儿子那稚嫩的小脸，温碧茹淡淡地笑了。

写给妈妈的话

在小光出生的 11 个年头中，妈妈对他的求知欲和好奇心都会极大地满足：重视他的每一个提问，能回答的就给予答案；暂时无法解释的，就和他一起去查阅资料。妈妈总是鼓励小光亲自动手去探索，遇到需要做的实验，也会想方设法地去做……总之，妈妈对于他的提问，都会做到"知无不言，言无不尽"。

因为小光喜欢，妈妈在旅游时总将参观科技馆和博物馆放在活动之内，人类悠久的历史和现代科技的高速发展，常常令小光赞叹不已；因为小光喜欢，在他不到 5 岁时，妈妈就为他买了电子积木。不久之后，他就能看着电路图，熟练地搭出各种电路，而且一边摆弄，一边自言自语地说道："电阻"、"电容"、"电动机"……还会一直缠着大人问东问西；因为小光喜欢，在他上学之后，又走进了"化学世界"。他整日着迷于化学世界，一个实验往往要做上两三次，直到原材料全部用完……

正是因为有这些经历，才使得小光凡事都爱问个为什么，他时常思考的问题是："这个科学道理是什么？"每当小光捧起《我们爱科学》《科学探索者》《原来如此》等科普书籍时，总会呈现出如痴如醉的表情，像是鱼儿坠入水中，自由自在地畅游。也许，年幼的小光还不能完全读懂书中的内容，也不可能事事都弄清楚，但是，在妈妈看来，孩子这份旺盛的求知欲是难能可贵的，正因为有它的存在，孩子总有一天会弄清楚，读懂一切。

二、网络时代不要让孩子远离"书香"

我国新课程标准明确规定，学生在小学、初中、高中阶段，应分别要有累计100万、300万、200万字不等的课外阅读量。

由北京师范大学青少年网瘾防治研究中心等机构推出的《2012年度北京市中小学生网络生活方式蓝皮书》显示，如今每天都会上网的学生高达82.9%，70.4%的学生平均每天上网两小时以内，10.6%的学生趋于过度用网。

显然，中小学生目前更倾向于快餐式、娱乐化阅读，阅读的质量也大打折扣。寒假来临，家长们不妨引导孩子们利用这段宝贵的时光，静下心来品味经典作品，愉悦身心，过一个充实而快乐的假期。

✎ 亲子故事

"涵涵，别玩了，去看书吧。"妈妈提醒着。

"好的，马上。"涵涵答应得挺痛快。20分钟之后，涵涵依然坐在电脑前没动窝儿，全神贯注地玩《植物大战僵尸》游戏。

张涵，读小学四年级。妈妈要求她在寒假期间，每天晚上用一个小时读课外书。几天下来，张涵基本上能保证阅读，但每晚都需要妈妈催促。有时候，她也和妈妈讨价还价："我今天能不能看网络小说？"

在计算机、手机、iPad伴随下成长起来的中小学生，迷恋电子游戏，也很容易接受网络和手机等阅读方式，对穿越、轻松搞怪、调侃等网络文学更是没有隔

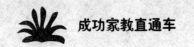

膜，一些学生开始以网络阅读、手机阅读代替纸质阅读。

写给妈妈的话

如今，在地铁、公交车上，时常看到身着校服的学生拿着手机津津有味地读电子书，或在线阅读。

不可否认，网络阅读方式在短时间内满足了孩子获取信息的需求，拓宽了视野，是对书本知识的良好补充。但是，网络阅读和传统阅读效果大不相同。大人们都有这样的体会，在阅读网页上的内容时，我们通常会不自觉地将滚动条向下移动，去捕捉那些有趣的、吸引眼球的部分，并且只了解大致的内容，根本不是一个字一个字读下去的。

网络的性质是鼓励人们浏览，在信息间跳来跳去，或仅是阅读部分信息。这一阅读形式造成资料的"碎片化"现象，而在阅读之后，记忆却不深刻，影响孩子对作品的整体理解。更为严重的是，这种阅读方式，很容易让人变得心浮气躁，等再看那些深刻一些或者需要静下心来仔细琢磨的内容时，人的心已经沉不下来了。

孩子们在电脑上阅读的多是肤浅的、娱乐化的内容，是实实在在的快餐化"浅阅读"，造成这种现象的原因除了阅读资料的"碎片化"，还在于网络的语言——网络在造就了鲜活的语言的同时，也造成了语言的随意、粗俗、不规范。一位资深的语文老师说："如果中小学生长期依赖网络阅读，课外阅读量尤其是经典阅读量势必减少，深度阅读严重不足，在审美阅读、情感阅读、拓展心智的阅读方面严重缺失，最终导致孩子们语言肤浅、文化品位降低，难以养成思考的习惯，不去关注现实，也不去关注自我的内心。"

缺失经典阅读的直接后果之一是中小学生写作水平普遍偏低，写作文的时候每每题材贫乏、平铺直叙，缺乏想象力、创造力；其次是缺乏独立思考的能力，当很多成绩优异的学生参加高校自主招生面试时，"虐待动物"、"文化软实力"、"中国制造，外国企业盈利"、"建立怎样的机制鼓励'见义勇为'"

等这些有深度、有文化内涵、需要独到见解的综合性问题，往往让他们不知所措。而这些，求助于临时的考前辅导是很难奏效的，它需要学生多年的阅读积累与思考的积淀。

阅读的过程，是儿童思想、精神启蒙的过程，是他们的精神、情感、道德、态度、价值观等整体人格成长的过程，也是孩子学习"爱"的过程——学会爱父母、爱长辈、爱同学、爱周围应该去爱的人。而经典作品恰恰经过了时间的淘洗，是穿越了历史风雨的，为很多人所公认的一种有思想含量、有美学价值的作品。它能给孩子一双看世界的眼睛。

一个孩子的阅读有多宽广，他的思想就会有多宽广。经典作品对孩子心灵的滋养是润物细无声的。一本好书提供的"营养"，是超越学业的，它足以改变一个人的一生。对于刚刚开启人生旅途的孩子，阅读具有神奇而深远的意义。

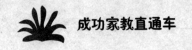
三、接触大自然比上补习班更重要

　　不要担心让孩子接触大自然会让他少学了点什么，在自然中玩耍可以开阔孩子的眼界，陶冶性情。

　　大自然是人类最好的导师，自然是一个丰富多彩的物质世界，它千姿百态、变化无穷，它的教益无穷无尽，它吸引着孩子们的注意力，引发他们的创造力，如果妈妈能有意识地引导孩子接触自然、探索自然，发挥孩子们的天性，打开他们求索知识的通道，那是非常好的举措。然而现在却有不少孩子没有机会与这位自然导师亲近，他们在本该亲近自然的时候正坐在各式各样的补习班课堂里，守着纪律，看着单调的课本，学着乏味的知识。

✎ 亲子故事

　　有一年冬天王老师上课时正好外面下雪，地上也积了厚厚一层雪，王老师走进教室对同学们说："今天我们上课的内容是，大家一起出去玩雪！"同学们一听立刻欢呼雀跃，王老师提醒大家注意安全。一群孩子像小鸟般冲出了教室。他们在雪地里有的堆雪人，有的打雪仗，王老师让他们自己接一片雪花，仔细观察雪花的形状，大多数孩子们都发现了每片雪花的形状都不一样。王老师和同学们一起滚雪球，还让大家比赛用雪来组词造句，看谁说得最优美。大家都玩得非常开心，一节课的时间很快就过去了，王老师让同学们回到了教室。

　　大家回到教室坐好之后，王老师对大家说："接下来我要布置今天的作业了，今天回家每一位同学写一篇作文《下雪了》，你们觉得难吗？"同学们异口同声回答说："不难！"

第二天，大家的作文交上来，王老师改了之后发现，每一位同学都写得非常棒！质量远远高出以前写的命题作文。大家都写得非常有感情，并且很真诚。因为他们曾经感同身受过，所以写起来都是真情实感。王老师认为让孩子们真正走进自然中玩一下雪，每个人都有自己不同的感想与经历，这要比让大家坐在教室里，看着外面下雪然后憋一篇作文出来，或者参加一个作文补习班在老师的指导下写出一篇作文来好得多吧。

写给妈妈的话

不要担心让孩子接触大自然会让他少学了点什么，在自然中玩耍可以开阔孩子的眼界，陶冶性情。河畔的青柳，森林的鸟语花香，耸立的参天大树，嫩嫩的小草……这些都能让孩子感受到自然的亲切与美好。在户外活动中，孩子同样可以学习各种知识。例如：妈妈可以带孩子到森林公园，在玩耍中，让孩子用一些词语来形容天气，或者用一些成语来形容心情，让孩子把看到的景物描述出来等，培养孩子的语言能力。也可以让孩子数一数附近某个范围内有几棵树，有几种颜色的花，或者让孩子观察不同种类的植物，培养孩子数学逻辑思维能力。对孩子们稍加点拨就能激发他们对自然科学的浓厚兴趣。

不要过于苛责孩子，让他们尽情地玩耍。不要因为孩子在草地上打滚或是钻到了草丛里弄脏了衣服而呵斥孩子。让他们在自然中自由的去听、去看、去闻、去摸，通过探索，孩子自然会学会从不同角度来思考问题，开拓思维。同时也会培养思维能力，在今后的学习中像种子那样慢慢地发芽，成长。

让孩子接触大自然，与孩子一起进行户外活动也是亲子关系的良好纽带。更重要的是，接触大自然也能历练孩子的性格，陶冶情操。让他们变

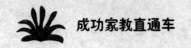

得更加开朗、坚毅。通过在自然中发现的问题，自己探索，然后想办法解决。不仅仅是锻炼智商，更是培养情商。

所以，放手让孩子去接触大自然吧，大自然远比补习班让孩子获益更多。

四、背景知识打开创造力之门

在科学上，发现、发明与创造的层次是不一样的。

发现是东西已在那儿，只是他是第一个知道的人。例如哥伦布发现新大陆，新大陆并不因为哥伦布而存在，它已经在那里了。哥伦布的伟大是因为在那个时代，他有勇气航向"未知"，从而到达了别人所未去过的地方。

发明在原创性上的层次就比发现高，因为"发明"所需要的原料已事先存在，但它的组合却是非常具有原创性，例如佛莱明发现盘尼西林。1928 年佛莱明在伦敦圣玛莉医院，发现培养皿的细菌被污染了，上面长了绿色的霉。一般人会抱怨自己运气不好，实验不成功，只好倒掉；但是佛莱明在倒掉的一刹那，看到了霉菌旁边有一圈没有葡萄球菌，因此推想这个霉菌可能抑制细菌的生长，从而发现了盘尼西林（青霉素）。

创造是属于最高层次的原创性，它带有浓厚的个人色彩，没有这个人就没有这个东西。世界上如果没有毕加索这个人，就不可能有毕加索的画；如果没有舒伯特这个人，就不会有舒伯特的音乐。这种创造力是有独特性的，没有人可以取代，所以艺术人文方面的创造力叫作"创作"，而科学上的创造力叫"发明"。

✎ 亲子故事

最早发现月球表面不是平的人是伽利略，他用自制的望远镜看到月球上的黑影一点一点地褪去，因此假设月球表面不是平的，是像地球一样有山有谷

131

的，阴影的面积会因太阳高度而缩减。300 年后，美国航天员登陆月球，证实了他的假设。

影子的知识可以从生活实际中观察到，但并不是每件事都要亲自去观察和实验。阅读使科学家不必亲自做每一个实验而得到那个知识。科学要进步，知识没有传承是不可能的。

又如达尔文看到海岛上有很多淡水植物，这些淡水植物是怎么传到这个无人海岛上的呢？一个最合理的解释是：鸟爪上沾有一些泥巴，泥巴中含有植物的种子，当鸟类前往海岛觅食时，不经意地把这些种子传播了出去。

为了证明这一点，他到他家附近的池塘中挖了三汤匙的泥土放在咖啡杯中，带回书房去观察，每长出一棵植物就把它拔出来，使别的植物有空间可以生长。这样观察了 6 个月，他总共拔出了 537 棵植物。在这小小的咖啡杯中，可以长出537 棵植物，他就确定鸟爪中若有一点点泥土，就有可能带有植物的种子，传播到远方的海岛了。

一个科学家不只要有观察力，还得有能力正确地解释他所观察到的现象，最后还必须具备做实验的技术，以验证自己的假设是否正确。在这里，我们看到了背景知识的重要性，它是创造力的基本条件。

写给妈妈的话

历史上很多的发明都可以用"灵光一闪"来形容当时的情境。这个灵光一闪的奥秘现在揭开了，它就是神经学上所说的"两个神经回路连到了一起，激发了第三个神经回路"。

从神经学的研究上，我们知道我们的大脑在出生时有十兆的神经元，其实是比我们需要的多，大脑占体重的 2%，却用掉 20% 的能源。所以人在出生后就开始把不需要用到的神经元修剪掉，以节省能源，于是"用进废退"出现了。比如，常常打的电话会有直拨的快捷方式，不再需要转接，而一个许久不打的线路，便会被别人借去用了。

我们的每一个神经元可以与别的神经元有一千个以上的连接，因此大脑就像纽约市的电话总机一样，是个非常繁忙的网络。要有创造力，必须有四通八达密切连接的神经网络，神经连接的密度与触类旁通、举一反三的创造力有关。"经验"可以影响神经的连接，神经网络越密的人，他的点子就越多，他的创造力也越强。"经验"即背景知识，有两种取得途径：自身的经历和经阅读消化前人的经验。

　　英国的教育部长布朗凯曾说："阅读解放我们的心灵，让我们的心智翱翔。"一个有创造力的心灵必须是自由的，它必须不被束缚，而阅读正是解开它的束缚、使它飞翔的金钥匙。在创造力如此重要的今天，让我们从创造力的基本做起，鼓励孩子阅读，打开他心灵的世界，获得足够多的背景知识，放他去展翅翱翔。

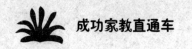

五、别让孩子失去"想象力"

孩子小小的头脑中有时候常常有些"荒谬"的想法，千万不要取笑我们的孩子，他们需要这些想象……爱因斯坦说过："想象力远比知识更重要，因为知识是有限的，而想象力概括着世界上的一切，并推动着进步。想象才是知识进化的源泉。"每一个纯真的孩子都有无穷无尽的想象空间，你还记得自己小时候的天真浪漫和奇思怪想吗？是否感叹岁月一步步侵蚀了它呢？你惊奇于自己的想象力是怎么丢掉的时候，是不是也得警惕自己的孩子不再重蹈覆辙呢？

✏ 亲子故事

课堂上老师提问："雪化了是什么？"有一个孩子给出了一个出人意料的答案："雪化了是春天。"老师生气地说："荒谬之极，难道你连这点常识都不懂，你以为这是写诗呢？"让我们再看看美国课堂上发生的故事：同样是老师的提问："树上的叶子是怎么掉到地上来的？"一个稚气的小女孩嘴里冒出了很多很多的答案，她说："爬上树摘、用剪子剪、使劲摇……"虽然没有一个是标准答案，但老师还是笑眯眯地听着，并竖起大拇指赞扬学生"想法多"、"有创意"。

是的，谁不曾有过充满想象力的童年呢？遗憾的是，大多数中国孩子的想象力最后都是被一次次的考试和所谓的标准答案抹杀了。

写给妈妈的话

诺贝尔奖获得者利奥彼德·鲁齐卡的父母没有什么文化，可是幼儿时的鲁齐卡富有强烈的好奇心，他常瞪着大眼睛问父母："天为什么是蓝的？""水从哪里来？"……许许多多的"为什么"使他的父母解答不了，但他的父母并不阻止儿子发问，而是怀着喜悦的心情鼓励儿子："好好学习吧！相信你将来会弄懂的！"正是这样的鼓励，使鲁齐卡不断奋进，最终登上了科学的巅峰。

孩子的个性尽管千差万别，但是有好奇心却是孩子的共性。好奇心是孩子求知欲最直接的反映，越是聪明的孩子，好奇心越强。

保护孩子的好奇心不是一句空话，当妈妈的要理解孩子。如果孩子看到新鲜好奇的东西，做妈妈的表现出漠然的样子，就会冷了孩子的心。孩子的好奇心有时会冲破妈妈的知识范围，这是很正常的。妈妈对孩子的发问一时答不上来，可以通过翻书或向人请教，有了正确的答案，事后再告诉孩子，千万不能敷衍了事。

要知道，每一个天真的心灵都有一个完美的有待开发的好脑袋。作为妈妈，我们要做的就是呵护和开发这个未来有无限可能的小脑袋瓜，再也没有谁会比孩子的求知欲更旺盛，满足他的好奇心，他的将来就会给你一个很大的惊喜。

没有孩子会拒绝《哈利·波特》那个浪漫而神奇的魔法世界。正如我们童年没办法拒绝看《ET外星人》一样。多带孩子看这些童话色彩浓厚的文学作品，能极大地开发孩子的脑神经。大人看《哈利·波特》，也许是找回童年的感觉，但小孩子看《哈利·波特》，却能看得比我们远得多，说不定他的很多想法比作者J·K·罗琳还要千奇百怪呢。

一代大师达·芬奇的第一堂课是从学画画开始的，画的还是简单的鸡蛋，但就是以这简单的线条为起点，终点却造就了伟大的科学家和艺术家。美术能够锻炼孩子对线条、平面、色彩空间的灵感。让孩子从小接触美术这个异想世界，让他从小就养成准画家的思考方式。

什么最有想象空间？线条？画面？为什么我们会对电台DJ的声音久久不能忘怀，并在心中开始构思对方的形象？声音被证实是最具想象空间的媒介。这也是为什么很多科学家建议孕妇安胎的时候多听古典音乐的道理。一场恢宏的交响乐、一支安静的摇篮曲、一首动人的流行曲……都能给孩子带来心灵上最大的触动，就像久石让创作的音乐童话王国，在音乐的奇想世界里漫步、飞舞……

在游戏活动中激发幼儿想象力的游戏是孩子的基本活动，玩具和游戏材料是引起孩子想象的物质基础。要多为孩子提供各种不同游戏材料和玩具，可促使孩子去做相应的游戏，产生相应的想象。

一副几何图形，可促进孩子的自由想象，他能组成自己喜爱的各种形状与物体。

为孩子提供半成品的材料，让孩子在制作过程中想象、加工、制造和创造。在游戏中，要启发孩子积极主动、生动活泼地去想象。

可以模仿家庭生活，让孩子和其他小朋友一起"过家家"；可以模仿社会活动的"看医生"、"当警察"、"扮老师"、"打电话"等；可以与孩子一起涂鸦画画。

跟孩子互换，让孩子当一天家长，自己当一天孩子。让孩子体验其中的乐趣和艰辛。

和孩子一起看《哈利·波特》，一人分饰一个角色，让孩子如演员一样进入书中意境。

六、学习不是"How"是"Why"

所谓学习，是为了提高自身修养，对未来的自己进行的一种重要投资。无论是读书也好，运动、话剧等课余爱好也好，只有看清那些事情背后所隐藏起来的本质而去学习，才能理解"How to"的真正含义。如果在学习时，一直糊里糊涂的，不知道自己"为什么"而去学习的话，自然也不会想出"到底该怎么学习"这个问题的答案。

✎ 亲子故事

幼儿园的小朋友和老师在教室里培养他们的温室植物，在室外花园照顾他们的植物，孩子们通过画画和文字记录植物生长的变化。在一年以后的聚会中，很多小朋友都提到，他们会记很久他们学到的东西。通过亲身经历学到的知识可持续的时间可能会远远超过直接从书本上读到的知识。即使同样是直接讲授，知识和知识之间也是有关联的，如果老师能帮孩子理解知识之间的关联，学起来会容易很多，并且持久很多。比如，认识键盘上 CDEFGAB 七个音符。妈妈可以直接告诉孩子："两个黑键左边的白键是 C，然后依次往右是 DEFGAB。"也有妈妈编个小故事，帮孩子理解七个音符之间的位置关联。钢琴街上有一个 dog house，由两个黑键组成，小狗屋里有一只小狗，两个黑键中间的白键就是 Dog，就是音符 D。有一天，一个小男孩在上学的路上路过 Dog house，这个 Dog 很可怕，他不敢通过，这时候一只聪明的小猫（Cat）来跟小狗捉迷藏，把小狗引回到屋里，小男孩乘机通过了 Dog House，继续前行。猫和狗总是在一起，在每一个 D（og）前面都会有一个 C（at）。通过故事，孩子理解了每个音符位置的关联。

写给妈妈的话

在学习中，只有明白了"为什么"才能做到融会贯通，各种知识和经验相互作用，在需要的时候才能作出正确决策。所以，妈妈要从小培养孩子关注 what-how-why 三个层面，千万别停留在"what"层面的知识上。

现行教育体系注重"what"，是"什么"的层面，孩子学到很多知识。当然，有的知识一辈子也许用不上，有的知识是一种储备，没准儿什么时候就用上了，也就是说，'what'或'是什么'层面的知识很容易就忘了，而"how"层面的理解往往可以保留下来。什么知识是该学的，什么知识是不需要的，没有一定之规，但这对学习者来说，却是一个很难做的决策，尤其是在当下知识大爆炸的年代。

"what"层面的知识，表面看它们很客观，对每个学习的人来说都是一样。但事实上，学法也是非常不同的。在帮助孩子学知识的时候，一定要从"how"层面去关联相关的知识。

"why"层面的知识不等同于"十万个为什么"那样的知识。Simon Sinek 在解释"why"时，用了"I believe what you believe"的概念。人的信念，你相信什么是why层面的核心。所以，why层面回到了人的根本，"以人为本"，它对应的能力不是科学分析，市场定位，而是理解他人的情绪、感受、信念。宽容、大度、富有同情心、为他人着想、团队合作、领导力都跟着有关系。凡事都跟人有关，凡事问到"why"就回到了人本身。在教育中，有一种非常好的方法可以培养孩子这方面的能力，就是小组共同完成一个具有挑战性的事情或学习目标。

如果妈妈能考虑这几个层面，适时给予孩子引导，那么对于孩子的学习成绩会有很大的帮助。

七、学习习惯比考试分数更重要

学习习惯是指学生为达到好的学习效果而形成的一种学习上的自动倾向性，良好的学习习惯是学生提高学业成绩的重要保证。妈妈一定要在了解孩子年龄和学习特点的基础上，努力采取科学措施，培养孩子良好的学习习惯。

✎ 亲子故事

"好的学习习惯最重要，就好像砍柴有了一把锋利的斧子一样。所以，你以后放学回来第一件事就是认真写作业，不能拖拖拉拉的哦！要不你的斧头就不锋利了！"妈妈对朵朵说。

"妈妈我知道了，我要写作业了，您是不是也应该做自己的事情了，不要陪我！"朵朵一本正经地说。

"对对，独自完成作业也是一种好的学习习惯，朵朵真棒！"妈妈鼓励道。

写给妈妈的话

学习习惯是一种自动化的学习行为方式，它的形成需要在学习过程中反复练习。良好的学习习惯比孩子的分数更可靠，比名次更重要，是孩子能学好知识的真正保证。

事实上，凡是学习成绩持续好的孩子，都会从小形成良好的学习习惯；而成绩忽好忽坏的孩子，则缺乏良好的学习习惯。妈妈一定要改变观念，把注意力从分数和名次转移到孩子的学习习惯上来。

相关研究表明，12 岁以前是人形成良好行为的关键期，12 岁以后，孩子形成的习惯已经比较稳固，新习惯要想占据一席之地就不是那么容易的事情了。

良好的学习习惯，有利于激发孩子学习的积极性和主动性；有利于提高学习效率；有利于培养孩子的自主学习能力、创新精神和创造能力。好的学习习惯将使学生终身受益。

（一）下面一些良好的学习习惯（主要针对已上小学的孩子），妈妈可以参考一下。

1. 主动学习。学习积极主动，不需要别人督促，并能很快地进入学习状态，认真投入不走神，高效率利用学习时间。当然，这种学习状态是一种后续结果，之前需要妈妈一定时间的引导和约束。

2. 认真听讲。上课时，老师不仅用语言传递信息，还会用动作、表情传递信息，用眼神与学生交流。好的学习习惯包括认真听讲的习惯，要求孩子在听老师传授知识时，认真、不开小差，不做小动作，情绪饱满，精力集中；能抓住重点，弄清关键；主动参与，思考分析，大胆发言。

3. 及时完成学习任务。按时完成老师布置的作业和学习任务，能够计划各个时间段的学习内容，并按计划完成具体的学习任务。

4. 全面发展，不偏科。各学科发展均衡全面，不偏科。对某些不喜欢的学科，努力培养兴趣，多花时间在上面。

5. 课前预习与课后复习结合。课前对即将学习的内容，认真研读、理解，把不懂的问题做好标记，以便课上有重点地去听、去学、去练。这样的预习有助于提高课上学习效率，培养自学能力。课后要对所学内容进行认真回顾、归纳、总结，找出新旧知识之间的联系，形成知识结构。复习是巩固已有知识的最好办法，也是学习新知识的基础。

6. 主动回答问题的习惯。课上要认真思考每一个问题，积极回答老师的提问，以促进理解，加深理解，增强记忆，提高心理素质。回答时，声音要洪亮，表述要清楚。

7. 多思、善问、大胆质疑。多思，就是认真思考知识要点、思路、方法、知识间的联系，以及与实际生活的联系，使所学知识逐渐形成体系。善问，就是多问几个"为什么"，以深刻理解所学内容。大胆质疑，就是在学习中善于发现问题，勇敢提出问题，进而认真研究问题，敢于质疑已有的结论、说法，敢于挑战权威。

8. 上课记笔记。在专心听讲的同时，要动笔做简单的记录或记号，一些关键性的词句要记下来；重点内容、疑难问题、关键语句，则应当进行"圈、点、勾、画"，重点复习。

（二）好的学习习惯的养成，必须建立在改掉坏习惯的基础上。下面这些坏习惯妈妈一定要留心并帮孩子慢慢纠正。

1. 消极审题、惰性十足，只看题不思考。

2. 书写潦草混乱，草稿纸成为出错的场地。

3. 只重理解，忽视动手整理。

4. 不做笔记，不标重点，过后就忘。

5. 问题还是问题，放着不解决，只求答案，不求解题过程。

6. 对老师有依赖性，主动性不够。

八、认真听讲是学习的制胜法宝

课堂学习是学习步骤中最为重要的一环，是孩子获得知识信息的主要渠道，课堂学习效率如何直接影响着孩子的学习成绩。有很多孩子成绩不好，就是因为不注意听讲，没有理解老师讲授的知识。孩子刚上学时年龄还小，模仿性强，可塑性大，妈妈应当和老师一起，向孩子充分强调上课听讲的重要性，培养他好的听讲习惯。

✎ 亲子故事

"同学们，哪个同学来背背 6 的乘法口诀？"老师提问。

大家争相举手，大有你争我抢的架势。

"多多，你来背背吧！"老师点名了。

"哦，一七得七，二七十四……"多多刚背了两句，就被同学们的笑声打断了。

"同学们安静！多多同学，你没听清楚老师的问题吧？我提问的时候，你一直看着窗外，那里有什么好玩的事情呀？"

"我……我……"多多支支吾吾。

"多多同学以后可不能这样了，不认真听讲，老师讲的知识就会从你的身边溜走了。请坐吧！"老师语重心长地说。

多多不好意思地坐到椅子上。

写给妈妈的话

刚上学的孩子自控能力较弱，注意力不容易集中。所以，有些孩子上课时不能规规矩矩听课，喜欢东张西望；有的孩子则心不在焉，对老师讲的内容不感兴趣；有的孩子一上课就做小动作。时间一长，这些孩子就陷入了这样的恶性循环：上课不注意听讲—知识脱节—学习成绩不理想—对学习失去信心—上课听不懂—更加不愿意听讲。这样的循环下，结果势必就是厌学了。

听讲是课堂上接收信息的第一道大门。这道大门通畅，信息输入就会顺利；此门堵塞，信息输入就会受阻。孩子的注意力集中时间有限，作为老师，要想办法吸引孩子的注意力，训练他们认真听讲，妈妈当然也有许多的工作要做。

（一）帮孩子做好课前准备。上学前，妈妈应督促孩子整理好书包，准备好上课需要的学习用具，还要检查书包中是否带了卡通书或玩具，避免引起孩子分心走神。

（二）保证孩子的睡眠时间。帮孩子养成定时睡眠的好习惯，保证他每天10小时的睡眠，只有睡足觉孩子白天才有好精神。

（三）与老师密切配合。妈妈要经常与老师沟通，及时了解孩子的听课状态，如果发现问题，赶快采取应对措施。

（四）做些加强注意力的训练。比如，在说话时让孩子的眼睛看着你，不做小动作；讲完后让孩子复述你的话，并说说自己的理解；讲故事时提一些问题，让孩子来回答；回家以后让孩子复述老师讲授的内容。

当然，作为妈妈，自己也要认真听孩子说的话，认真回答孩子提出的问题，给孩子做一个好榜样。

得知孩子上课不认真，妈妈不要急着训斥孩子，先要耐心地去询问他，了解他没有认真听讲的原因。这时你会发现孩子不认真听讲的原因可能是没睡好觉，因而烦躁不安；或者是跟同学闹了别扭，担心同学不跟他玩了；还

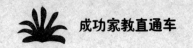

可能是上课时惦记着昨天动画片里的情节和人物……知道原因后，在对症给予合理的教育"治疗"，这样的效果显然远好于严厉的批评。

九、名牌小学 ≠ 名牌未来

小学阶段的学习只是一个基本的起点，并不能决定孩子未来的走向。小学读名校并不等于能进名牌中学、名牌大学。小时候年年考第一更不等于永远是第一。

很多家长都有类似的误区，觉得孩子进了名校，就意味着前途一片大好，家长再也不用为孩子的前途担心。名校虽然好，但这并不意味着名校里的每一个孩子都能出类拔萃，进重点中学、名牌大学。

进入名牌小学在孩子一生的成长中只是很微小的一步，学习态度的养成，学习方法的培养都要靠孩子进入学校后家长与老师共同的努力和培养。

✎ 亲子故事

翔翔和浩浩一样大，他们的父母是好朋友，住同一个小区，上同一个幼儿园。浩浩父母在孩子读幼儿园时，就已经替他物色好了一所知名的小学。为了让浩浩顺利的进入这所学校学习，在浩浩读幼儿园小班的时候，父母就花钱替他找好补习老师，每周进行有针对性的练习。翔翔父母则从未为孩子的学校发愁过，在他们的观念里，孩子小时候玩得开心才是最重要的，至于小学，就上小区旁边那所对口小学就好。进去不用考试，家长不用交赞助费，最最重要的是，翔翔每天走几分钟就能到学校，不用把时间浪费在路上。当他们从幼儿园毕业后，不出所料，浩浩考进了父母期盼的名校，翔翔则去了小区附近的小学。

从进入小学的那一刻开始，浩浩和翔翔就过上了截然不同的生活。浩浩的班主任是一位刚毕业不久的年轻老师，老师很负责，也很上进，为了适应名校强大的压力，为了让自己班的成绩名列前茅，老师每天都要给孩子们布置很多的作业，浩浩经常做作业做到十一二点。而翔翔则遇到了一位没什么责任心的老师，作业特别少，有时候甚至还没有作业。很多时候，浩浩都很疑惑地问爸爸："为什么翔翔学习那么轻松，而我却要面对这么多的作业呢！"每到这时，爸爸都会很有底气地说："有付出才有收获嘛，你现在努力的做作业，以后才能考入好的初中、高中，进入名牌大学。翔翔现在虽然轻松，等他以后考不进好的初中，进不了大学，他才会后悔的。"而翔翔的父母好像从来没有为孩子的成绩操心过，他们对翔翔的要求就是轻松、快乐的学习，健康成长。

在父母的鞭策下，浩浩很努力的做作业，每次看见翔翔在小区里愉快的玩耍时，浩浩虽然很羡慕，但他不断的告诉自己："我跟他走的路不一样！"

时间不断的流逝，很快两个孩子都小学毕业了，浩浩进入了重点初中、重点高中，翔翔只进入了普通初高中。很快进入高三，那一年的高考，大家都认为浩浩考入重点大学没问题，因为他们学校重点大学录取率高达80%，翔翔能考个二本都是幸运的。令人意外的是，成绩出来，浩浩只过了三本线，而翔翔却以优异的成绩被一所重点院校录取。

写给妈妈的话

类似浩浩和翔翔的例子太多了。小学阶段的学习只是一个基本的起点，并不能决定孩子未来的走向。小学读名校并不等于能进名牌中学、名牌大学。小学进入普通学校学习同样并不意味着与名牌大学无缘。2012年以668分的高分被清华大学录取的杨元小学就读于一所非常普通的乡镇学校，妈妈身体不好，父亲常年在外打工。他每天早上5点起床，帮家里干好农活，为自己做好早饭，步行2里路到学校。放学后，也要先帮妈妈把农活干完才能学习，学习从来没有人辅导监督。高中时他进了一所刚刚开办的民办高中，成为那所学校的第一届学生。在无人看好的情况下，他通过自己的努力与付出成为恩施地区理科状元。

　　学习是一件漫长的事，小学阶段的学习只是最基础的一步。与其挑学校，不如纠正态度，培养孩子良好的学习习惯。让孩子在学习中感受成长，享受快乐，只有这样，孩子才能积累足够的后劲在中学阶段发挥。

　　一个人成功的因素很多很多，环境只是其中最微不足道的一个因素。人生是一场漫长的竞赛，小时候的成功并不等于人生的成功，但小时候拥有一个快乐的童年、养成良好的学习习惯却是长大后成功的动力，妈妈们一定要把眼光放长远一点。

第六章
让孩子成为"Q版巴菲特"

"人有 2 只脚，但钱有 4 只脚"，钱永远跑得比人快，人追钱赶不上钱的速度，但却可以充分利用"钱追钱"。这就是理财的重要性。妈妈们要着力培养孩子健康完善的价值观和理财观，积极引导孩子日常生活中的理财行为，包括挣钱、花钱、管理和分享金钱等各个环节。

因此，"理财教育"要从孩子开始，这不但可以让孩子在接受"理财教育"的过程中，正确对待金钱、运用金钱，学到一些判断价值和培育道德的尺度，树立自尊、自立和培养责任感，促进其个性能力的发展，还能为其长大后独立理财和开拓成就一番事业，打下一个较好的基础。

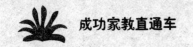
一、孩子理财教育的三大阶段

现今社会变化迅速，我们今天的教育体制已跟不上全球的变化及科技发展的步伐。很多时候在大学学到的技能，在毕业后已不管用了。因此，在教育下一代的基本生存技能的同时，也要教育他们理财技能。这不但是让他们能够在这世界上生存下去，而且是生活得更美好所必备的技能。

✎ 亲子故事

小羽今年上二年级，每到过年的时候，去爷爷奶奶、外公外婆、舅舅阿姨家，他们就会给小羽压岁钱。压岁钱给到小羽手里，妈妈很快就会收起来，小羽要看看钱是什么样的，妈妈就会说："小孩子不用认识钱，小孩子认识钱会变坏的！"小羽不明就里，所以很少接触钱，反正在家里要什么有什么，在外面买什么、吃什么全是爸爸妈妈埋单，自己完全不用操心。

等到小羽上五年级的时候，妈妈发现小羽花钱特别厉害，以前一周给零钱5元，基本上还会剩那么一点，现在是一周25元都不够了，于是妈妈就问小羽："宝贝，你告诉妈妈，你的钱都用到哪儿去了？"

小羽想了想，说道："我也不知道，反正我渴了就买水喝，饿了就买东西吃，平时看到喜欢的玩具就买着玩。妈妈，你问这个干嘛啊？"

妈妈见小羽一点也不知道疼惜钱。就生气地说："你还说，你最近花钱那么厉害。你以为钱从天上掉下来的啊！"

"那钱从哪儿来的啊？不是每次爸爸都会拿出好多钱吗？"小羽不理解妈妈的话，争辩道。

见小羽这么不理解大人赚钱的辛苦，小羽妈妈才后悔自己当初没有及时培养小羽学会珍惜钱，学会用钱。

写给妈妈的话

有怎样的妈妈，就有怎样的孩子！妈妈的言行举止除了直接影响子女人格的发展及人生价值观外，在金钱的管理上，也会直接影响日后子女理财的行为。因此，理财观念要早在儿时植根，并按由孩提时代至少年分为三个阶段，妈妈要多加留意。

（一）萌芽期：（3~6岁）

当孩子踏上幼儿园时，已初步具备认知、语言及基本反应的能力。所谓3岁定80，3岁孩童已拥有自己独一无二的个性及自主性，部分已发展出独立性。所以该时期是教育孩子接触社会的最好时机。这阶段的小孩，可以让他们接触金钱，让他们理解金钱是什么东西，金钱的功能是什么？钱从哪里来？父母可让孩子掌握：

1. 金钱基本概念及重要性。

2. 当和父母购物时，让孩子认识每件东西都有一个价值。

3. 价值和价格之间的关系。

4. 学会储蓄的概念。

然而，孩子对金钱观念源自父母的言行举止。比如母亲是一个购物狂，很喜欢shopping，每次消费时不理家里是否管用，先买再说，又喜欢同一款的东西买不同的颜色，每次消费不管需要与否，只要自己喜欢，先买再说。以上凡此种种的行为，都会深深植根在孩子的金钱观念上，直接影响孩子理财观念及人格发展。

（二）成长期：（7~12岁）（小学阶段）

当小孩踏入7岁，已步入小学的阶段，并从学前所学习及认知的概念继续发展出自己的性格特质。这阶段的小孩已开始有独立思考、逻辑及分辨是非的能力，随着生活经验增加，此时最适合教育小孩在生活上及理财上相关的事务。比如：如何好好运用零用钱；接触不同理财工具及机构，如银行及保险等角色及功能；养成储蓄及记账习惯等。

父母可以在该阶段，有步骤地向子女进行理财的教育，并按其性格及心智，厘定灌输理财教育的进度。更重要的是，在培育理财观念过程中，个人的品格操守是首要，好让孩子了解到金钱是重要的，但并不代表拥有金钱，就能换取世界上珍贵的东西，如爱情、亲情、友情、自由、快乐、信任、幸福、分享等。父母更可教育孩子如何善用自己的天赋及能力，借着金钱，去帮助其他人，比如人生价值及金钱价值如何分辨等。因此该阶段父母应注意：

1．零用钱功能及背后意义。

2．如何通过零用钱分配，以达成短期、中期、长期的个人目标。

3．银行功能角色。

4．保险的意义。

5．储蓄及记账习惯。

（三）发展期：（13~18岁）（中学阶段）

当孩子进入中学阶段，正步入成长青春期，成长及成熟程度快慢不一，有些急于处理自己事务，有些仍然依赖父母，因此父母应按子女心智而按部就班，以下是教育中学生理财应注意的几点：

1．需要及想要的区分。

2．消费和处理事情一样，需要优先级。

3．初步认识投资工具，如股票、基金、债券、房产等。

4．所有投资及理财工具背后的真正意义。

5．信用卡的利弊。

6．家庭财务安排和子女的关系，如教育基金。

由于现阶段的子女相对成熟，父母可引用一些身边朋友或社会新闻的事例，教育孩子先花未来钱的严重后果，胡乱使用信用卡的祸害，节俭及储蓄的重要性等。父母更可和子女身体力行，一起进行一些小型的投资及理财计划，如小额投资一些股票或基金，让他们了解何谓风险？也让他们了解赚钱难，有斩获的投资更难，之前一定要做足准备及研究工夫，了解大环境经济气氛及各种因素，千万不能受情绪及感性主导，又或受身边的朋友人云亦云，以耳为目而影响投资决定。

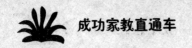

二、孩子"炫富"易迷途

当今孩子对金钱的概念比上一辈更早更敏感。研究证明，孩子拥有炫富心理不利于成长，因为错误的价值观将给孩子成长带来很多阻力。毕竟盲目的攀比也会给妈妈带来困扰。

✎ 亲子故事

六年级学生小薇也有这样的心理，前几天，班上的好朋友安安在中央商场买了一条漂亮的裙子，据说要一千多元钱呢！安安把裙子穿到学校，在同学们面前展示，这可把小薇给气坏了，她决心要买一件比安安那条裙子还好看的。

晚上回到家后，小薇跟妈妈说道："安安今天买了一条裙子，很好看，我也想要！"妈妈听说小薇要买裙子，以为就是普通的衣服，几百元钱就可以买到，也就没有放在心上，随口答道："好的，这个周末我们去买！"

周末到了，小薇拉着妈妈来到中央商场的裙子专柜，看到了安安的那条裙子，试穿了一下，就跟妈妈说："我不喜欢这个了，我喜欢这件！"说着就把边上的一条更贵的裙子拿起来，要试穿。妈妈一开始没在意标价牌，这会儿突然想起来，赶紧拉住小薇，拿起标价牌一看，要两千多元，心里舍不得，这要自己半个月的工资呢！也不是实在花不起这个钱，就是觉得花这么多钱给孩子买衣服，对孩子不好。于是就跟小薇说："薇薇，这件衣服实在太贵了，我看我们还是到别处再看看吧！"

"我不，我就要买这件！你说过要给我买的！我一定要买的比安安的好！"

小薇不同意妈妈的话，坚决地说道。

妈妈一想，如果不买肯定会伤女儿的心，所以狠下心来说道："好，别人穿啥，妈妈就给你买啥，这件衣服我们买了！"

"嗯，妈妈真好！"小薇的脸色由阴转晴，便在妈妈脸上吻了一下，热情地说道。

第二天，小薇穿着比安安还贵的裙子出现在班级时，引来了更多同学的夸奖，小薇听着同学的赞扬，心里美滋滋的。

写给妈妈的话

金钱这东西，只要能够一人的生活就行了，若是多了它会成为遏制人才能的祸害。所谓盲目攀比和炫耀就是在认识不清的情况下，不顾实际情况与别人进行比较，向别人进行夸耀，这一点在众多的中学生身上体现得更为明显，同学之间比着看谁的衣服牌子更硬，谁的鞋子更贵，不是牌子的不穿，不是当红明星做的代言人的品牌衣服不穿，还有比较所用的书包、文具盒、钢笔，甚至小到橡皮也要比较谁的更贵更高级，比较生日派对谁的场面更隆重盛大，谁送的礼物更"拿得出手"，盲目比较谁家的汽车更贵更高级，"你看，你爸爸才开夏利，真丢人，我爸爸开宝马，撞坏了，你们家又赔不起，下次看到我们家的车，你家的夏利就赶紧让路，知道吗？"

孩子之间的盲目攀比和炫耀，会使孩子变成一个个势利眼，使得孩子慢慢形成一切向钱看的错误价值取向。这种心理是不利于孩子健康成长的。真正的富有者往往不是靠炫耀，也不是靠继承祖辈的遗产变得富有的，而是靠个人的辛勤劳动创造出来的，如果孩子过早地沉迷于"炫耀金钱"中，产生"我的父母很有钱"、"父母的钱就是我的钱"的思想，那么，孩子就会变得心浮气躁，难以静下心来锤炼自己的创富本领，注定会成为一个失败者。所以，父母不管多有钱，社会地位多特殊，也不要让孩子产生靠父母吃饭的想法，而要教育他们以一颗平常心，靠自己去积累财富。

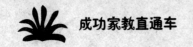

三、ABC原则应对孩子耍赖乱花钱

孩子"乱花钱"，多半跟父母的用钱理念有关；孩子不知道钱从何而来，多半与父母很少跟孩子提及金钱的来源有关。怎样帮孩子改掉"乱花钱"的毛病？孩子"乱花钱"的背后，折射出了孩子成长中的哪些问题？

✎ 亲子故事

故事一：为了买玩具，宝宝不妥协

"宝贝听话，小汽车家里已经有很多了，别再买了"……"宝贝，天快黑了，奶奶要回家做饭了，等下爸爸妈妈回到家没饭吃了哦"……"我说不买就不买，你走不走？你不走我自己走了，你一个人在这里蹲着吧"……"好了好了，怕了你了，这是最后一次给你买小汽车了，以后跟奶奶出来买菜不准买玩具！"

故事二：孩子爱吃高价水果，妈妈又爱又恨

刘女士最近有些苦闷，上小学二年级的女儿最近迷上了樱桃，总是让妈妈给她买来吃。这种颜色鲜艳、吃起来酸酸甜甜的小果子，售价每公斤 70~80 元，让刘女士又爱又恨。"妈妈，我想吃那种红红的果果。"一次，当女儿提出这个要求时，刘女士装傻："哪种红红的水果？是红枣吗？"女儿虽然不知那"红红的果果"叫"樱桃"，但也知道不叫"红枣"，又开始向妈妈描述。"为了尽量满足女儿的

要求，我只能时不时买给她吃，买得我心好疼……"刘女士说。

写给妈妈的话

（一）给予孩子平等和尊重

很多妈妈都曾碰到过类似的场景，如果妈妈不允许购买，孩子就在地上哭闹、打滚，非买不可。有的妈妈认为，不能老这么惯着孩子，有了第一次，就会有第二次，以后他想要什么就非要买什么，会把孩子惯坏的。如果孩子赖着不走，就硬生生地抱走。有的妈妈很无奈，孩子倔强得很，不给他买就哭天抢地，听着孩子的哭声，自己也觉得于心不忍，最后还是买了。

南宁某学校校长朱海瑕认为，当孩子为了得到自己喜欢的物品在地上打滚哭闹时，妈妈不能妥协，但在不买的同时，也要给孩子平等和尊重。"硬生生地把孩子抱走，让他远离玩具摊，确实非常快速了当，但这会给孩子留下内心的创伤。"朱海瑕说，孩子的问题大多会在青春期大肆爆发，那些未受到成人给予平等和尊重的孩子，在青春期时会非常反叛，引导不好甚至走入歧途。

那么妈妈应该怎么做呢？朱海瑕曾在一本书中看到过一个"ABC原则"，书中提到，如果妈妈根据自己的喜好随时要求孩子，孩子当然会"乱"；只有制定了标准，才能确定孩子是否是"乱花钱"。朱海瑕认为"ABC原则"非常值得妈妈借鉴：

（1）事前约定

例如去逛超市，妈妈在出门前与孩子约定好，妈妈只能买什么，孩子只能买什么，商量好再出门。约定要本着不伤害别人、不妨碍别人的原则来制定。

（2）事中提醒

如果已经约定好了，就要坚决执行。当孩子遇到不在计划之内自己想买的东西时，就要提醒孩子："我们约定好了，不能买其他的。"而这时也是家长在孩子心中树立威信的时候，妈妈在逛超市时也不能随意买约定范围之外的东西。

（3）事后总结

例如从超市回到家里，妈妈可以对孩子说："今天宝宝在超市看到了很喜欢的玩具，想买，但还是遵守了与妈妈的约定，宝宝这样做非常棒！我们现在来讨论，宝宝喜欢的那个玩具是否真的有买的必要？要不要下次去的时候再买？"

（二）接纳孩子喜好，提供多种选择

广西某教育机构的老师何明谦表示，刘女士尽量满足孩子的需求，不伤害孩子的做法是可取的，但更重要的是找到并满足孩子没被满足的另一个心理需求。

首先，妈妈应该接纳孩子对事物的喜好，明白孩子有想买他喜欢的物品的需求。刘女士可以这样对孩子说："妈妈知道你很喜欢吃樱桃，妈妈也很喜欢吃，但是樱桃价格很贵，如果我们总是吃，妈妈会感到压力有点大。我们来想一个办法让宝宝又能吃到樱桃，又能大家开开心心的方法好吗？"妈妈可以通过动之以情、晓之以理，与孩子约定，如一个月只买一次，一次吃多少颗等。让孩子慢慢理解并按约定持续去做。

"更重要的是找到孩子没被满足的心理需求。"何明谦说，"有时孩子想要某样东西，是为了证明他的重要性，让妈妈更多地注意他。"妈妈应该做到的是，找到自己在和孩子互动的过程中，孩子的什么需求没有被满足，例如妈妈应该检视自己：是否对孩子的关注不够？同时，妈妈还要注意提供更多的选择给孩子，让孩子尝试其他新鲜的事物，转移注意力。

四、攀比成就"现在就要一代"

一毕业就让家长给自己买房，别人有什么就想自己也马上拥有……如今，不少家长为了让孩子生活得更好，总是孩子想要什么就立即想办法满足，即使孩子提的要求超出家长的经济能力，甚至根本不是正常需求，有的家长也会尽量满足。在这样的条件下成长起来的年轻人，总是想要什么就希望得到满足，一刻不愿"耽误"。有人将这些年轻人称为"现在就要一代"。

✎ 亲子故事

前些天，班里的小朋友进行了一场令人深思的对话。对话是参加某一活动的小朋友交 50 元钱引起的。

小朋友甲说："50 元算什么，100 元我也交得起。"

小朋友乙说："200 元我也交得起。"

小朋友丙说："我爸爸给我买了好几百元的玩具呢，这点钱算什么？"

小朋友丁说："我家还有小轿车呢。你家是什么牌子的车？桑塔纳？我每天来幼儿园坐的是 X 牌豪华车。"

还有一些小朋友说，我家有三层楼别墅，我家有摄像机，我家还有……

听到这段对话，约翰老师心里特别不是滋味。于是，把这段对话内容记录在教室后面的"家教园地"里，旁边设了一个"妈妈信箱"，请妈妈谈谈看法。

妈妈们也非常震惊。短短几天，信箱里就塞满了妈妈的反馈。妈妈纷纷反思说："我们是不是太容易满足孩子的一切要求了？""我们想给孩子幸福，会不会给孩子的却是大手大脚乱花钱的攀比心理？"

写给妈妈的话

是什么原因造就了"现在就要一代"？是孩子不够独立，不珍惜劳动所得，还是妈妈过于溺爱独生子女？

"现在就要"是青少年的一般心理，但如今不少年轻人倚仗妈妈的过度溺爱，想什么就要什么，逞一时之快，最后形成习惯，那就很麻烦了。因为不顾一切满足孩子各种需求的家长，不懂得"父母不可能养活孩子一辈子"的简单道理，有可能让孩子逐渐丧失创造价值、造福社会的本事和激情，这是在剥夺孩子靠自己闯天下、挣幸福的能力和机会。

在一些西方国家，妈妈们往往更推崇"让孩子自己去闯"、"授之以鱼不如授之以渔"的观念。据说美国前总统里根的儿子失业后，他也没有给予帮助。在这种社会环境下成长起来的孩子，会觉得自己挣来的金钱和体面，更能体现自我能力和价值。

由于现在很多家庭就一个孩子，做妈妈的很容易对孩子产生溺爱的心理。面对孩子的不合理要求，出于对孩子的溺爱，妈妈往往选择妥协。

孩子有虚荣心，是心理发育过程中的正常现象，引导好了，虚荣心可以转化为进取心，帮助孩子积极进取。如果不加重视，任其发展，虚荣心将成为孩子成长中的绊脚石。

另外，孩子虚荣心的产生与家庭的影响有很大关系。在孩子的虚荣心方面，一是妈妈要以身作则，不要和别人攀比，以免孩子模仿；二是转移孩子的注意力，培养孩子的其他兴趣，这样孩子可以从其他方面获得成就，从而降低自己的虚荣心；三是多带孩子去接触社会，让他们了解不同的社会群体；四是要客观地认识自己的孩子，不要夸大，也有助于降低其虚荣心。

适度的虚荣心也是激发孩子见贤思齐、积极进取的内在动力。因此，妈妈要用宽容的心体谅、接纳孩子爱慕虚荣的心理，给孩子的虚荣心留出适当的生存空间。总之，面对孩子的虚荣攀比心理，正确引导才是关键。

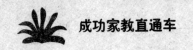

五、日美学校为何设消费教育课

"历览前贤国与家，成由勤俭败由奢"，过度消费的不良后果是严重的。究其原因，除了有些妈妈对孩子的溺爱外，更重要的原因就是在我国的消费水平、消费结构和消费方式都发生了重大变化的情况下，我们的消费教育没有得到相应的发展和普及。

✎ 亲子故事

学习完正数和负数，老师布置同学们回家调查一下家里每月的开支状况，并且征集家庭节约高招。

晚上吃完饭后，苏苏拉着妈妈坐在沙发上，准备采访妈妈。苏苏的妈妈是个持家能手，家里的大小开支都由她张罗着，家里的开支每个月都有节余。这些年，要不是妈妈持家好，苏苏家也不会这么快买上新车！苏苏问妈妈："妈妈，家里大大小小那么多事需要用钱，您怎么不会弄乱的啊？"

妈妈停下手中的活，摸摸苏苏的头，柔声说道："那是因为妈妈有个好习惯啊！"

"啊？什么好习惯啊？"苏苏迫不及待地问道。

妈妈看苏苏认真的样子，微笑道："那是因为妈妈善于记账啊！"说完，拿出家里的账簿给苏苏看。苏苏打开账簿，上面密密麻麻地记着每一天的几乎每一笔开销。大到家里上个月买了台液晶彩电，小到苏苏上周领了两元零花钱，都记得清清楚楚。

看妈妈如此认真，苏苏就跟妈妈说："妈妈，从今以后，我也开始记账！您可要监督我啊！"

"嗯，乖女儿，妈妈一定会监督你的！"妈妈咯咯地笑道。

于是，苏苏在妈妈的指导下，开始了自己的"记账"生活。妈妈特地给她找了个漂亮的笔记本，她每天都将自己所花的钱用心地记在本子上，每过完一周就会拿出来算算自己花了多少钱，要是花多了，就会提醒自己要注意节约了，要是节余了，就买一支冰棍犒劳一下自己。

写给妈妈的话

北大附小四年级二班在一家五星级酒店办联欢会，引起人们的广泛关注。

孩子们的这种做法有错吗？不能说错，但绝不是应该提倡的。对于还没有经济能力的学生而言，这纯粹属于乱花钱的过度消费，让孩子这么轻易地就享受到优厚物质条件，肯定"会对孩子的价值观造成不好影响"。

从国外来看，日本从20世纪60年代初，就在经济企划厅设置了"国民生活中心"，各地都设置了"消费者生活中心"，专管消费教育。70年代开始组织实施有关消费者教育的指导大纲。日本还规定所有学生必须接受学校开设的消费教育课。

美国现在也有专门的机构负责消费教育，并将消费教育纳入学校教育之中。但是，我国的消费教育却一直没有转变为政府行为，还没有建立一套比较完整的消费教育体系。

其实，作为素质教育的一个重要组成部分，消费教育不仅关系到个人的权益得到保护，而且关系到人的健康成长和全面发展，关系到社会文明和社会全面进步。

中小学生正处于身心发展时期，消费观还不成熟，消费知识缺乏，消费权益容易受到侵犯，但中小学生的消费教育并没有得到家庭、社会、学校三方应有的重视。因此，在中小学生中推行消费教育，既可以培养和树立中小学生正确的消费观，又可以增长消费智慧。

消费教育应从娃娃抓起，尽快转变为政府行为，将它纳入学校基础教育、素质教育之中，列入各级学校的教学计划之中。在全国范围内建立一个完整的消费教育网络和教育体系很有必要，到那时，或许就不会出现类似的事件了。

六、给零用钱让孩子学消费

有人说，零用钱是孩子学习消费的"学费"。确实，花钱不是一件简单的事，从分析需要、节制欲望到收集资讯、选择商家、比较商品的质量与价格，再到讨价还价、找零核对，在支配零用钱的过程中，孩子能学到的东西很多很多。

所以，年轻的妈妈不会排斥孩子用钱，而会教孩子如何花钱。

✎ 亲子故事

棒棒从这个学期开始就住校了，小小年纪，就要学会独立生活，确实不容易，所以每周回家，妈妈总是要做好吃的犒劳犒劳他。每周日下午要返校的时候，妈妈都会把零花钱给足了，棒棒每次都会说："哎呀，够了呀，我也用不完的！"

这时，爸爸在边上就会瓮声瓮气地来一句："给你钱你就花，别省着，爸妈供得起你上学！"

"可是，我确实够花了啊！"棒棒还想跟爸爸争辩。

"哎呀，儿子赶紧走吧，给你你就拿着，别替家里省着，尽管用，用不完再拿回来嘛！"这时妈妈一边把棒棒送出门，一边劝慰棒棒道。

一开始，棒棒确实也没有花什么钱，但是后来，交了几个爱玩游戏的同学，他用钱就开始大手大脚起来了。每次回家，都会主动要爸妈多给他点钱，这样就可以买游戏点卡了，或者用来买游戏的账号，给游戏充值。

当爸妈觉得棒棒花钱过多时，就问他："你为什么每周要花这么多钱啊？"

"你们不是老说不要给家里省嘛，要我有钱拿着就花，我怎么知道会花这么多钱啊？"棒棒随口答道。

"那你知不知道钱从哪儿来的啊？"妈妈问道。

"从爸爸的口袋里来的呗，每次我都看见他从口袋里掏出一把钱。"棒棒如实地答道。

写给妈妈的话

（一）零用钱怎么给

1．时间

（1）年龄越小，间隔越短

孩子年龄越小，计划与控制的能力越差，因此，给零用钱的间隔应该越短。一般说来，10岁前的孩子一周给一次，10岁以后的孩子可以酌情半个月、一个月给一次，直到延长到一学期给一次。

（2）定人定时发放

零用钱的发放最好定时定人，如每周一发放，类似工资的发放形式。在这个时间发放，可以避免周末发放迅速赤贫的现象；定人发放，可以防止重发冒领的情况。

（3）金额

零用钱的标准应酌情而定，要考虑到零用钱将要涵盖的消费项目，要考虑到父母的经济状况，要考虑到市场行情（参考其他小伙伴的标准），要考虑到孩子的年龄水平。一般说来，10岁前的孩子的零用钱通常不包括日常的生活消费，如车费、饭钱等。7岁以下，建议每周的零用钱不要超过5元。

2．结构

零用钱可效仿成人薪酬的结构工资制，由基本工资与额外的奖励与报酬构成。除每周固定的"基本工资"外，孩子可通过家务劳动获得报酬或通过出色表现获得奖励。这样，孩子会慢慢领会到，只有靠劳动与努力才能赚到更多的钱，世上没有不劳而获的美事。

（二）零用钱怎么用

1．学知识

3岁以后，孩子就可以学着认识纸币和硬币了。认识钱币不光是让孩子说出钱币的面值，还应知道它们所代表的实际价值。如乘公共汽车时，让孩子去投币，知道有空调的公交车票比没空调的贵；夏天，让孩子去买冰棍，了解不同品牌的冰棍，价格是不一样的；去儿童乐园时，让孩子知道10元钱可以玩哪几样游乐活动等。

再大一些的孩子，可以让他们见证零兑整、整兑零的交换活动，了解钱币单位之间的换算关系。

2．学消费

孩子在花钱买东西的过程中，妈妈要教会孩子审慎决策，形成合理的消费观念，培养基本的消费能力。

（1）"买什么"——学习按需消费

有了钱，并不是想买什么就买什么，妈妈要帮助孩子逐步分辨：哪些是必需的，哪些是可有可无的，哪些是浪费。知道该花的钱要花，不该花的钱要省。

通过零用钱，你可以向孩子传递良好的生活理念，如商品是买不完的，我们必须学会理性的取舍，在满足部分愿望的同时，就得节制其他的欲望；一个人的财富与地球上的资源都是有限的，节俭是一种美德，它可以使我们能够把更多的钱用在更有意义的事情上。

（2）"向谁买"——学会比较与选择

小孩子往往拿到钱就往商店跑，找到商品就是它了。大一些的孩子，也许稍稍懂点质量优劣与价格贵贱，但大多也不能兼顾二者，要么一味追求品牌，要么盲目追求省钱。

确定要买的东西该向谁买、买哪种？妈妈不妨在带着孩子逛超市时，在琳琅满目的商品陈列架前货比三家，比较货品的质量与价格，学会综合权衡。

（3）"怎么买"——学学讨价还价、找零核对

"讨价还价"其实是一个有趣的心理游戏，让孩子明白商家的出价与物品的实际价值之间是有空间的，学一点"生意经"，避免以后"吃大亏"；附带着，孩子的语言表达能力也得到了锻炼。

带孩子一起买东西时，简单的运算可以让孩子去完成；让孩子替大人跑腿买东西时，要求他汇报价格与余额，这些都是训练孩子找零核对的实战机会。

3．学理财

孩子上小学以后，就可以利用零用钱进行相关的理财教育了。

（1）给孩子开设一个银行账户，让孩子熟悉金融机构办理手续的一般程序，知道账户里的钱属自己所有。

（2）学会计划开支，比如可以让孩子拟一个本周开支的清单计划，为自己的各项开支作一个大致的预算。

（3）学会记账与核算。用一个小账本记录自己的开支项目，周末核算看是否有不理性的消费，收支是否平衡，各项开支与预算是否有出入，是预算不合理还是消费失度，及时总结以便调整下周计划。

（4）针对大宗物品，可以让孩子体验一下积攒与借贷的意义。比如，孩子想买一双轮滑鞋要100元。妈妈可以提议孩子通过劳动报酬与表现奖励争取额外的收入，同时每周积攒5元，攒足3个月，凑满60元，再向妈妈借贷40元，2个月还清，付息2元。在这些半真半假的金融活动中，孩子可以真切地领会到储蓄与借贷的意义与价值。

4．学习爱

总是在算计着金钱，难免会功利，要让孩子知道钱的意义不只是钱。

比如，捐赠活动中妈妈掏钱让孩子捐赠，除了达到募捐的目的，孩子并没有受到爱心教育。最好是让孩子掏自己的钱，孩子就会面临得与失的权衡与选择，这时无论捐多捐少都是爱心的洗礼。节日或生日时，让孩子用零用钱为妈妈买一些小礼物，用钱来传递爱与表达爱。这样，孩子才能懂得钱除了可以满足人的欲望，还有更多更高的价值与意义。

（三）特别提醒

1．不要把家务与零用钱简单挂钩

家务是每个家庭成员应尽的责任与义务，孩子份内的劳动如收拾玩具、保持自己房间的整洁必须完成，不该计取报酬。额外的劳务可以考虑适当给予报酬，如帮妈妈去小区的便利店买包盐，找的零头不妨归他。

2．钱是钱，爱是爱，不要混淆

零用钱的有无、多少与妈妈对孩子的爱无关，这一点妈妈都清楚。但我们仍然会不自觉地向孩子暗示两者的关系，比如"你最近表现很不好，我不喜欢你这样，再这样做就别指望我下周会给你发零用钱了"、"我爸我妈就是比你爸你妈心疼孩子，你看他们给咱儿子这么多压岁钱"、"亲爱的，今天我过生日你什么礼物都没买，是不是你已经不爱我了"。

3．让零用钱成为家庭制度

关于零用钱，妈妈应郑重其事地和孩子进行协商，要让孩子感觉到零用钱是家庭生活中的一项制度，不是妈妈对孩子施压的一张王牌，不会因妈妈的情绪好坏而随意增减数量。零用钱协议一旦达成，双方都必须遵守。

孩子在零用钱的使用过程中，难免会出错，不要责怪孩子，给他机会锻炼，钱就会越花越明白。

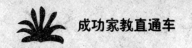

七、如何让孩子远离"拜金主义"

为了买 iPad，17 岁的小男孩卖掉了自己的一个肾脏；为赚零花钱，个别女孩不惜出卖身体，并将这种"致富"之道推销给同学、好友。当拜金、虚荣这些成人世界的"病毒"开始入侵未成年人时，学校老师和妈妈们也倍生忧虑。

很多年轻的妈妈心知肚明：学校老师和自己苦口婆心建立的价值观，很容易被孩子身边一个同学或好友的不良言行颠覆。

✎ 亲子故事

国企工作的李女士不久前遇到了家教困境：她给读高一的女儿配了一部联想牌手机。本以为足以应对平时生活之需，但母女俩却多次因为这部手机发生争执。女儿认为用国产手机很没有面子，在同学前面抬不起头来。在她的班级里，很多同学手里都有 iPhone4。

"监视"孩子的手机，阅读刊物、网上浏览的信息，以及孩子在学校结交的同学、在校外参加社会活动……家长们小心翼翼地承担着教育者的责任，他们发现，比起自己的苦口婆心和学校老师的说教，孩子更容易受到同伴影响。"如果班级的很多同学都不愁零花钱、对衣着和吃穿有要求，我又如何能让女儿成为一个懂得量入为出，追求完善自我的人。"

让李女士纠结的还不是该不该掏几千元买个"苹果"手机，而是一种教育方略的调整。在这位母亲看来，不管家境如何，女孩子最忌贪慕虚荣，"一旦性格上有这个弱点，以后就容易上当受骗"。但眼下，李女士也不得不考虑身边同事给她的另一种忠告：女孩子要适当"富养"，管得太紧，更容易滋生对物质和财富的贪恋，容易走向歧途。但她仍然将信将疑：如果要"富养"孩子，那么在多大程度上满足她的物欲才算足够？

李女士的困境，在中学生家长群体中非常普遍。当"金钱至上"、"宁在宝马里哭，不在自行车上笑"逐渐成为当下社会很多成年人的处世准则时，家庭和学校教育要如何建筑高高的围墙，让孩子接受"非淡泊无以明志，非宁静无以致远"的古训，不至于成为物质和金钱的奴隶？

写给妈妈的话

妈妈不希望孩子"拜金"、沦为物质主义者和享乐主义者，首要一条是防止孩子接触太多的商业广告。孩子在占有物质、追求享乐的过程中，将倾向于关注他人而非自我。拿他人作比较，从而滋生出嫉妒和恨，这种负面情绪很容易把未成年人引向歧途。

一些未成年人之所以追求物质享受，贪恋金钱与富贵，与妈妈长期的教养不当有关。

"孩子需要什么就买什么，大部分妈妈溺爱孩子。"在国内，很多妈妈过分直接地将物质奖励和孩子的学业表现挂钩。无论是"买入"动机和"买入"时间，都是一个大问题：很容易让孩子为了占有物品而学习。长此以往，孩子会丧失对学习的兴趣，对物质的贪恋进一步加剧，精神层面的追求则消失殆尽。妈妈给孩子提供的最好养料，应该是精神层面的满足，而非物质上的逢迎。出现在孩子身上的问题，很大程度上是妈妈的问题，或者说是家庭教育或学校教育的缺位。

华东政法大学教授姚建龙在调研时发现，一些少女为了金钱，逐步走向性犯罪的道路。她们大多是中学生，集中于中专和职业技术学校。是什么制造了这些"迷途羔羊"？姚建龙认为，"除了交友不慎、校风问题外，社会整体道德水准的滑坡，对今天的孩子产生了很大的负面影响"。未成年人的是非观和道德感还比较模糊，很容易临渊失足。假设一名少女，她身边的不少同学和朋友都认为用自己的肉体去兑换金钱没什么可耻，或者在她的结交群体中，有人通过不当手段获得金钱，大肆消费、享乐，在炫耀中获得一片赞誉。这种情况下，一旦学校和家庭教育缺位，未成年女孩的羞耻心就很容易在同伴的影响下被消解。法律专家认为，挽救更多徘徊在道德边缘的未成年人，从法律和制度层面作出一些调整，或是可行的一步。

八、从小培养孩子"理财能力"

现在的妈妈大都比较重视孩子的智商、情商的培养，却忽视了孩子的财商教育。俗话说："授之以鱼不如授之以渔。"从小培养孩子的理财能力，教会他如何管理金钱很重要。

✎ 亲子故事

今天儿子画完国画后，我带他去吃汉堡。吃饭的时候儿子拿出个五毛的硬币玩，玩着玩着，硬币掉地上了，儿子找了一下没找到，就说："算了妈妈，五毛钱小，没事儿，我们不要了。"我说："那怎么行，五毛钱虽小，可也是钱，爸爸妈妈挣钱多不容易啊，我们一起找找吧！"在我的坚持下，还是找到了那枚硬币。

在回家的路上我一直在想：现在的孩子只知道看见喜欢的东西就向大人闹着要买，不给买就大哭大闹。而很多家长抱着"再穷也不能穷孩子"的思想。正是这样，才导致了现在的孩子花钱为所欲为，不懂控制，这对孩子的健康成长十分不利。

写给妈妈的话

首先，妈妈要以身作则，努力工作，生活上尽量做到节俭，并能经常地

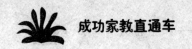

给孩子讲大人怎么挣钱，又如何来花这些钱。妈妈是孩子最好的老师，潜移默化中孩子就学会了爱惜金钱。

其次，让孩子学会理财，要从小做起。在孩子3岁的时候，妈妈就可以引导孩子了解什么是金钱，金钱可以用来干什么，帮助他建立对钱的基本概念，以及让孩子认识钱，了解钱的不同面额，物品价格的高低等。

再次，教孩子独立掌管金钱的能力。等孩子到五六岁的时候，有了数的概念以后，妈妈就可以把小额的钱交给孩子独立掌管了。妈妈可以给孩子少量的钱，告诉他这些钱可以买什么东西，然后让他自己去买，这样能让孩子初步意识到钱的价值，及锻炼孩子的交往能力。

最后，教会孩子储蓄的能力。从给他买个存钱罐开始吧！鼓励孩子存钱，当到一定的数目时，带孩子到银行，开一个儿童账户。让孩子了解如何存取，什么是利息等，让他亲身感受到获利的成果，孩子会很乐意这样做，会想办法节省每一分钱的。

九、正确培养孩子的理财意识

在现代家庭里，孩子从小就接触到钱，不少孩子甚至已拥有自己的"小金库"。如何跟孩子谈钱，如何培养孩子的财商和理财意识，成为妈妈们要考虑的问题。

✎ 亲子故事

学校要举行春游活动，当班主任钱老师宣布这个消息时，六（2）班的教室里开始沸腾了。芳芳和心怡坐在前后排，芳芳回过头来问道："心怡，这次春游，你准备带多少钱啊？"

心怡昂起头，想了一下说："我准备带 50 元吧，你呢？"

"干吗带那么多啊？我带 10 元钱就够了！"芳芳说道。

"嗯？50 元多吗？我也不太清楚哦。"心怡心里有点疑惑。

晚上回家，心怡把春游的事情跟妈妈说了，并且问妈妈："明天春游，老师说可以带一些零花钱，你说我带多少好啊？"

妈妈一句话也没说，从上衣口袋里拿出钱包，从中抽出 100 元，柔声说道："妈妈给你 100 元，你喜欢买什么就买什么，好吗？"

心怡看着妈妈给自己的 100 元钱，不解地问道："芳芳说只要带 10 元就够了，你为什么要给我 100 元啊？"

"给你钱充足一点是不想你委屈啊！你要是用不完可以拿回来嘛！"妈妈随

口说道。

第二天，大家如约出发。景点门口有卖手工艺品的，心怡带着100元钱，看见什么喜欢就买下，不一会儿工夫已经花了30多元了。不知不觉到了中午，学校为每个人提供了快餐，心怡嫌快餐难吃，就去景区的餐厅买了汉堡来吃，又花了20多元，后来又买了些小玩具，等到回家时，她兜里的100元钱已经所剩无几了。

回到家后，妈妈看到心怡买了好多的小玩具，和心怡欣赏了一番，也没有谈钱用多少的事情。

心怡从小就是这样，爸妈从来不会在钱上委屈她，她要10元，爸妈就会给20元，总之，总是给心怡足够的零花钱。平时，他们自己花钱也大手大脚的，有些东西，本来可以在附近的超市买到，非要跑到专门的商店去买进口的，说这样可以提高生活品位。还有，好多家庭生活用品本来可以在网上购买，又省钱又省力，但是心怡爸爸觉得这样失去了购物的乐趣，非要开着车跑到几公里外的卖场去买。

写给妈妈的话

有妈妈觉得太早和孩子谈钱不免有点尴尬，担心孩子会变得现实起来。但在美国，理财教育被称作"从3岁开始实现的幸福人生计划"，美国妈妈并不是一味将孩子关在童话世界里，而是教他们认识金钱，传授"取之有道，用之有度"的观念：

（一）按三个年龄段培养孩子的理财意识

理财专家指出，孩子理财意识的培养可以分成三个年龄阶段，即7岁前、7岁到12岁和13岁到18岁。学龄前的孩子，主要是让他们慢慢学习有关金钱的概念，此时孩子还不具备理财的能力，因此零用钱需要妈妈代为管理。

7岁到12岁的孩子，对理财开始形成自己的概念，这个时候妈妈可以在银行开一个活期储蓄账户，让孩子自己去支配，并且进一步向孩子解释有关理财的基本常识，例如银行是什么，如何制订消费计划等。

13岁到18岁时，孩子对理财基本有比较成熟的认识。妈妈可以鼓励孩子更多元化地运用手头的钱，尝试用投资的手段使财富增值。这个阶段的孩子处于青春期，心理上已开始有独立自主的意识，有强烈的自尊心，情绪起伏也比较大，而且喜欢反抗纪律和权威。因此妈妈在和孩子沟通时应当尽量以朋友的姿态给建议，避免以权威压人。

（二）教会孩子区分"需要"和"想要"

教会孩子区分"需要"和"想要"是引导孩子养成储蓄习惯的关键。"需要"是解决基本的需求，在一般正常生活水平下"需要"的东西，例如衣食住行等。对于学龄孩子而言，交通费、上学吃饭的费用、上补习班的费用、购买课外书的费用等都属于"需要"层面。而"想要"则是锦上添花的东西，可以提高幸福感，但又并非必须。对孩子而言，类似零食、漂亮的运动鞋（衣服）、玩具和游戏机等，都是"想要"的范畴。

"需要"和"想要"，前者可以近乎无条件地满足孩子，后者则应当引导孩子进行取舍。在取舍的过程中，小孩会学会控制支出，逐渐养成储蓄的习惯。零用钱额度并没有一个明确的数据，可根据孩子的消费状况，计算出"需要"部分的金额，比如每周10元到20元，让孩子自行支配。

培养孩子的储蓄习惯，最好的时机就是当孩子想买一件特别的东西，但能力又不够时，妈妈可通过引导，让这一目标成为孩子储蓄的强大动力。

（三）向孩子推荐基金股票等投资方式

在孩子懂得储蓄后，妈妈可以逐渐向孩子输入投资理念。首先，要让孩子对资金的回报率变得敏感，为其建立一个银行账户。过年压岁钱对孩子来说是笔"巨款"，最好建议孩子立即存入自己的个人账户，然后再计划用途。同时，妈妈要让孩子明白，银行不仅可以安全地保管金钱，且随着时间推移，钱还会越来越多。当孩子对资金回报率变得敏感时，就会关注银行利率，同时也会思考怎样才能让钱更快增值。

只要孩子对财富增长产生了兴趣，妈妈可以适时地向孩子介绍股票、基金等投资方式，甚至可以把股票当生日礼物送给孩子，也可以建议孩子将零用钱投入证券市场。

第七章
"EQ" 也很重要

　　不管是男孩还是女孩，具有阳光的性格和健康的气质都是将来进入社会必备的素质之一。将来的社会，缺少良好的性格和健康的气质很难立足。对孩子进行性格和气质的培养是每位妈妈都必须面对的一项重要任务。孩子在未来能否成为做事高效、懂得合作、懂得感恩的人关键在于妈妈有没有给孩子从小创造良好的家庭环境，给孩子渗透阳光的心态。

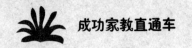
一、究竟是谁左右了孩子的情商

情商即 EQ，主要是指人在情绪、情感、意志等方面的品质。现代社会，对孩子情商教育的重要性已经得到家长和社会的接受、认可，据心理学专家研究显示，情商的高低对孩子将来能否取得成功有着重大的影响作用。

✎ 亲子故事

在地铁上听到一个妈妈在训斥儿子，虽然是下班时间，车厢拥挤，但是母亲声音很大，大家都听得见，大意不外是"我这么辛苦赚钱，你不好好读书，花了这么多钱补习，怎么考试还是这个烂分数！"大概分数实在太烂了，母亲动了气，就骂孩子："你实在笨得跟猪一样。"想不到原来低头挨骂闷不吭声的孩子突然爆出一句："如果我是猪，那你就是猪妈！"大家哄堂大笑，孩子一看闯了祸，一溜烟逃到别的车厢去了，留下母亲愣在那里。

写给妈妈的话

（一）是谁在左右孩子的情商

情商不是与生俱来的，而是经过后天的有意培养和教育逐步发展的。一个孩子的成长包括生理和心理两方面的因素，这一过程来自母体内，同时也受到周围环境的影响。在孩子成长的过程中，妈妈作为指引者和扶持者，对孩子的影响力是十分深远的。

孩子自出生后，对信息的吸收来源就是妈妈及家庭环境。在养育孩子的过程中，妈妈与其朝夕相处，对孩子十分了解，知道如何引发孩子的兴趣，如何鼓励他，并理解孩子的感受和行为。妈妈可以从最佳的角度给孩子建立一个和谐、良好的教育环境，这是任何老师和教育机构都替代不了的。

3~12岁是孩子情商培养的关键期，情商教育能影响孩子的一生。心理学家们在跟踪调查后发现，凡是关键期受过正规情商培养的孩子，在学习成绩、人际关系及未来的工作表现和婚姻情况等，均优于未受过专门培养的孩子。情商教育不仅能促进孩子学习成绩的提高，更重要的是有助于形成乐观自信的性格特征。一个乐观自信的孩子是不怕失败的，是活跃并有创造力的，是具有获取成功和幸福的能力的。

（二）孩子情商偏低的表现

高情商的孩子在各方面都具有较明显的优势，他们有更好的人际关系，能更少地受到负面情绪的破坏，较容易适应环境、把握机遇。但是，也有那么一部分孩子，他们在情商方面能力偏低，你注意到这些表现了吗？

表现一：顽固。有些孩子较为顽固，对他人的意见往往听不进去，不会轻易采纳别人的建议。就算别人说的是对的，自己是错的，也要坚持到底，不能根据事实和利益进行判断，容易因小失大。

表现二：怨天尤人。这一情绪表面看起来似乎是人之常情，但是事事抱怨、经常抱怨，就需要从自身来反省了。怨天尤人毫无益处，是一种消极心态的象征，是弱者不明智的选择。妈妈平时也要注意，不要在孩子面前抱怨他人他事。

（三）教育得当打造高情商宝宝

很多妈妈认为孩子只要智商高就是最棒的，其实，情商才是决定孩子成功与否的关键性因素。所以，妈妈要注意自己的教育方式，打造一个高情商的宝宝。

（四）培养孩子的自我控制能力

自我控制能力是一种内在的心理功能，能让人自觉地调控自己的言行，帮助自己纠正不良行为习惯。

（五）让孩子分清自己的情绪

帮助孩子辨认自己的情绪状态，可以帮助孩子调整好不良情绪，还可以学会换位思考的能力，深刻地体会到他人的感受。

（六）培养孩子的人际交往能力

妈妈要为孩子创造更多的交往机会，鼓励孩子走出家门，或是邀请孩子的伙伴来家里做客，以扩大孩子的社交圈子。在孩子和他人相处的过程中，要引导孩子学习掌握各种交往技能。

（七）帮助孩子树立自信心

自信的孩子，在面对困难和挫折时才能沉稳应对，用良好的抗挫折能力度过困境。自信心的培育是一个长期的过程，而妈妈在幼儿期对孩子的教育和影响对孩子自信心的培育尤为重要。

（八）引导孩子应对负面情绪

每个人都会有负面情绪，当孩子面临这种情绪的时候，妈妈可以引导孩子以正确的方式宣泄出来，鼓励孩子培养健康的兴趣和爱好，帮助他们舒缓压力。

其实，妈妈是孩子最好的模仿对象，你可以通过这一方法用自己的好品行来影响孩子。妈妈的态度、习惯、言行都会慢慢渗透到孩子的生活、性格、情商中，因此，妈妈千万不要将负面的影响带给孩子，要在孩子面前保持积极、乐观的态度，将最好的精神传递给孩子，给孩子的高情商加油助力！

二、"智商"太过，"情商"为零

情商其实是人与生俱来的天性，在现行教育体制下，一味地强调智商教育使情商教育萎缩为零，这对孩子的性格培养和成长非常不利。情商教育特别要强调从孩子抓起。

✎ 亲子故事

公交车橘黄色座位上，一个 10 多岁的小女孩悠然自得地坐着，边吃零食边看窗外的风景。在她边上，头发花白的奶奶背着书包站着，一只手扶着座位靠背，一只手拿餐巾纸给小女孩擦嘴巴。公交车到站了，小女孩牵着奶奶的手下车时，顺便将手中的零食袋递给奶奶，让奶奶扔到垃圾桶里，小女孩手臂上戴着光荣的"三道杠"。

"三道杠"显示，小女孩在学校是个好学生；但假若"情商"也论杠数的话，小女孩此时的行为肯定连一道杠都够不上。不少家长和老师都认为："现在的孩子智商教育太过，情商教育太少"。

写给妈妈的话

妈妈的个性，不管是与生俱来的还是居家环境所造成的，对一个青春期

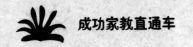

孩子的影响力都是巨大的。

如果妈妈好、爸爸不好，孩子不太受影响；但是爸爸好、妈妈不好，孩子就变坏了。所以联合国不断提倡女童的教育，因为你教育一个男童，教育的只有这个男童；但是当你教育了一个女童，你是教育了整个家庭和下一代。

美国太空总署的总工程师希坎姆在他退休以后写了一本自传《十月的天空》。在这本书中，他说他之所以能够从贫穷的煤矿小镇学校脱颖而出，拿到西维吉尼亚州科学展览的第一名，跟他的妈妈有关。

他当年为了研发比较有效的炸药使火箭飞得高一点，曾经把他们家的热水炉给炸掉了。他当时非常紧张，害怕得不敢回家。当他饿得受不了硬着头皮回家时，想不到他的妈妈居然没有骂他，只跟他说："我早就告诉你父亲这个热水炉要换了，他都不听，现在他必须要买一个新的了。"他听了非常感动，决定一定要将火箭发射成功来报答他妈妈。他母亲的态度改变了他的一生。

曾经在美国总统布什身边最红的赖斯女士也说，她小学五年级时，有一天放学回家看到她家的东西都堆在马路边，原来她妈妈付不起房租，被房东赶出来了。她当场决定辍学去做工赚钱，但她妈妈不肯："没有房子住一样可以读书，但是不读书一定不会有房子住，你要改善我们的生活只有读书，读了书以后一定会有房子住。"赖斯一路靠奖学金读书，最后，当了总统的特别顾问。她的妈妈果然盼到了一栋房子。

所以不论环境怎么辛苦，妈妈正向乐观的态度，是造就孩子拥有信心与信任的最大因素。我们一向说每个成功的人背后都有个伟大的女人，这个研究只是更肯定这个看法而已。妈妈不要妄自菲薄，小看自己的孩子，找出他的长处，肯定他，他以后会十倍来报答你。

好几个心理实验都发现女性韧性强，虽然体力不及男性，但其实女性才是家庭的真正支柱。

三、沟通在情商教育中最重要

沟通是情商中最为重要的内容之一，无论是学习、工作还是生活中，与人协调、沟通都十分重要。著名成功学大师卡耐基先生说："一个人的成功20%取决于专业能力，80%取决于人际关系。"由此足以看出人际交往能力的重要。只有在人际关系处理好了之后，才有可能展现你独特的才华，否则不良的人际关系将阻碍前进的步伐。一个情商高的孩子，善于人际沟通与合作，人际关系融洽，在集体中有好人缘，容易受到老师和同学的喜爱和欢迎。

✎ 亲子故事

教育专家维克走进俄亥俄州戴顿市一所学校的一年级教室。老师刚邀请学生们坐在地毯上听她讲故事，孩子们都赶忙围坐在她身旁，只有其中一个男孩双手抱着脑袋，一个人坐在与其他同学相距几尺远的地方。不只维克一个人注意到了这个不合群的孩子，另一个6岁的孩子乔伊也正在设法弄清这是怎么回事。

乔伊开始静悄悄地向后移动，移动到那个孩子身边，然后朝那个男孩靠拢，在他的耳边说了几句悄悄话。那个孩子腼腆地点了点头，对乔伊报以微笑。乔伊拍拍他的后背，然后两个人转过身来一起听故事。

等到老师让孩子们回到座位上后，维克再也控制不住好奇心，将乔伊拉到一旁，问他到底对那个男孩说了什么。

"达熊显得很孤独，"乔伊解释道，"他刚转学到这儿，不认得许多小朋友，所以我问他能不能和他坐在一起。我知道他需要一个朋友，而我也很乐意跟他交朋友。"

写给妈妈的话

（一）让孩子学会自我沟通

让孩子学会自我提问，多问自己几个"为什么"。我为什么要这么做？这么做对我自己有什么好处？这是一种"结果为导向"式的自我沟通。对于早恋、沉迷网络、厌学的孩子更要多引导他设计这样的提问。问完问题，再用记录的方式，把得到的结果写出来，经常"复习"自我反省。

（二）帮助孩子和他人沟通

从孩子学会说话起，父母就需要开始让孩子学会如何与他人进行良性的互动。"家庭报告"就是不错的形式，每周一次，全体家庭成员到位开始报告。一周的所见所闻、彼此的心情、对其他家庭成员的抱怨以及抱怨的反馈，都可以成为沟通的内容。

（三）换个方法去沟通

首先，批评性的信息可以换个渠道传达给孩子，比如利用节假日给孩子寄明信片，或者给孩子的手机发短信。其次，对孩子的批评处理一下，把批评变成建设性的意见，只说客观事实，不与孩子的人品挂钩等。

四、正确处理孩子的"粗话"

孩子讲粗话一定是从哪里学到的，我们应从孩子所处的环境出发，寻找"粗话"的源头。我们和孩子相处的机会最多，我们的语言习惯也很容易影响到孩子。身为妈妈，应该首先反省自己有没有说"粗话"的习惯，有则改之，无则加勉，要努力为孩子创造一个纯净的语言环境。

✎ 亲子故事

妈妈给4岁的暖暖穿鞋子，暖暖突然说了一句："你弄疼我的脚了，坏妈妈！"妈妈先是一愣，然后马上意识到暖暖已经进入语言敏感期了。她没有生气，而是平静地说："鞋子穿好了，我们可以出去了。"看到妈妈对她的咒骂没有反应，暖暖似乎不太甘心，她继续重复道："坏妈妈！坏妈妈！"妈妈就像没有听到暖暖的话一样，牵起暖暖的手往外走。暖暖忍不住了，站到妈妈面前说："我在说坏妈妈呢！"

妈妈依旧平静地说："妈妈听到了，我们去超市吧。"看到妈妈一直都没有什么反应，暖暖觉得这个游戏不怎么好玩，于是就放弃了。

当孩子喜欢说诅咒的话时，我们可以像这位妈妈一样进行冷处理。当孩子发现这些话不能引起父母的反应时，就会觉得无趣，自然就不喜欢说了。

写给妈妈的话

（一）自我反省，寻找粗话的源头

（二）试着用良好的语言去回应孩子

当孩子说"粗话"的时候，我们除了尽量漠视孩子的诅咒之外，还可以尝试用良好的语言去回应孩子。

例如，孩子不高兴的时候可能会说"臭妈妈"，这时妈妈可以回应一句："我不是臭妈妈，是香妈妈，就像你一样香喷喷的！"这时孩子就有机会去重复新的、好的句子。

（三）悄悄话——孩子语言敏感期的特殊表现

孩子用无声的悄悄话感受语言魅力，配合孩子，与孩子一起想象。

妈妈在沙发上看电视，4岁的儿子跑过来，凑到妈妈耳边说了一阵悄悄话。

儿子说完后，满脸期待地看着妈妈问："妈妈，您听明白了吗？"

妈妈茫然地摇摇头说："没有听到你说的什么。"

于是，儿子又趴在妈妈肩头继续说，妈妈还是没有听到，她回头看了儿子一眼，发现儿子只是嘴唇在动，根本就没发出任何声音来。

儿子"说"完后，又问："妈妈，这次您听明白了吗？"

妈妈心想：如果再说"没听明白"，儿子一定会继续"说"悄悄话。于是，妈妈点点头，很认真地说："嗯，这次我听明白了！"儿子听了很高兴，又跑去其他地方玩了。

随着孩子使用语言次数的增多，他会发现语言有很多种表达方式，可以平静地说，可以大喊大叫，还可以趴在耳边悄悄地说。

他会发现，当和人说悄悄话的时候，人和人之间的距离更近了，而关系似乎也变得更加亲密了。于是，他爱上了说悄悄话。"悄悄话"是三四岁孩子探索语言魅力的一种方式，也许他趴在我们耳边许久，却什么也没说。但当他问我们"听到了吗"时，如果我们的回答是否定的，他就会继续刚才的动作，直到得到肯定的回答为止。

我们应了解孩子的这种心理，在他喜欢说悄悄话的敏感期，主动配合孩子，和他一起体会语言的神秘感。

（四）耐心倾听孩子的悄悄话

当孩子和我们说悄悄话的时候，也许我们正在看电视、看书或者在工作。但是，我们不要因此而对孩子表现出不耐烦的态度。当他很神秘地趴在我们耳边嘀咕什么的时候，我们要及时做出倾听的表情和姿势，还可以适当地表示出一种神秘感。

当孩子询问是否听见的时候，我们可以笑着点点头表示听到了。如果没有听到，我们可以鼓励孩子大点儿声再说一次。

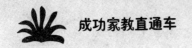

五、妈妈怎么帮孩子建社交圈

　　所谓社交能力，指的是孩子与他人结交和相处的能力。孩子的社交能力，不但对他的智力发育影响极大，而且将深深影响到孩子成年后的社交生活乃至职业成长。

　　孩子社交能力得以形成的最重要基础是和妈妈的关系，因为宝宝最初是从他和妈妈的亲密关系出发来认识这个世界的。

✎ 亲子故事

　　朋友托马斯要来拜访，科斯特纳先生叫出自己的儿子格里斯沃德，教会他如何招待客人。托马斯刚进门，格里斯沃德就热情地对他说："欢迎您，托马斯叔叔。"然后领着托马斯入座，并给他端来了茶水。在父亲与托马斯谈话时，格里斯沃德安静地坐在一旁，既不大声嚷嚷，也不有意打断大人的谈话。吃饭时格里斯沃德礼貌地邀请托马斯入席，席间还为客人添食物。托马斯要离开时，格里斯沃德诚恳地说："您给我们全家人带来了快乐，欢迎您下次再来。"托马斯摸着格里斯沃德的小脑袋，笑着对科斯特纳先生说："这个孩子真有礼貌，光看孩子就知道父母一定是有教养、讲文明的人。"

　　格里斯沃德的行为是父母教育的结果，是父母的言传身教让他明白了应该如何接待客人，如何在客人面前做一个懂礼貌的好孩子。

写给妈妈的话

有的孩子大方开朗，特别喜欢和小朋友交往，也会主动和其他孩子交际。可有的孩子却生性孤僻、胆小，不愿与小朋友交往，一到陌生环境就会胆怯。很多妈妈以为这是小问题，年龄大了自然就好了。其实，这可能是一种心理问题，被称为"儿童社交退缩性行为"。

一般来讲，大多数孩子在陌生的环境或意外情况下，都会表现出短暂的退缩。但通常会随着时间和环境的变迁逐渐适应，并会在做游戏等活动中主动发展自己的适应环境的能力。但如果这种行为没有得到及时纠正，就容易发展成社交敏感症，甚至社交恐惧症。那么妈妈应该如何让孩子远离社交恐惧症呢？

（一）1~2岁：增加孩子社交机会

勤带孩子到亲朋好友家拜访，参加各种集体活动，多与小朋友交往、玩耍，要增加交往机会。同时鼓励他在集体活动或游戏中大胆表现自己。通常，1岁左右的孩子已有了社交的意愿，比如，他们在路上看到其他小朋友，会用手指指他，还会把食物送到别的孩子嘴巴里去。育儿专家指出，当孩子想要争夺别人的玩具时，其实也是他社交的开始，这表明孩子玩的时候开始注意别人，注意同伴的玩具了。这时，妈妈不要一味阻拦，更多给他们创造机会，可以示意孩子向别的小朋友问好。妈妈要多鼓励孩子同小朋友互相交换玩具。这样的交换，会让孩子体会到放弃一样东西并不是什么大不了的事情，同小伙伴分享并没有什么损失；妈妈还可以通过与小伙伴交换玩具教孩子怎样用语言索要一件他想要的东西。在孩子学会说"我要这个"之前，他可能只会用手指着一样东西表示他的需要。如果别的孩子不把玩具给他，妈妈可以逗逗孩子："别人不同意呢，怎么办？"让孩子学会怎样索取和让步。

（二）2~3岁：游戏和童话的启发

拿孩子平时喜爱的布偶玩角色游戏，通过角色扮演让孩子体验一些生活情景，增加孩子的社交经验。并多跟孩子讲一些小动物或小朋友之间如何交朋友的故事。如果孩子和小伙伴发生争执，只要事态不很严重，可以在一旁静静观察。并用平时经常讲的故事启发他，比如故事里的小白兔和小松鼠发生争吵后，是怎么化解矛盾的等。3岁左右的孩子已听得懂故事，有趣的故事，比简单生硬的讲道理能更好地开启孩子的心扉。同时，这也是培养孩子情商的好机会，可以帮助孩子分辨和识别他人的表情，为他日后学会观察人，同小朋友打交道奠定基础。实际上，孩子和别的孩子一起做游戏，相互配合的过程中，他会认识到并不是所有人的想法都与他完全一样，每一个伙伴都有独特的性格。你会发现他更加倾向于与一些孩子玩耍，并开始和他们发展友谊。在建立友谊的过程中，他会发现自己也有一些让人喜欢的特征——这种发现对他的自尊心的培养有强烈的支持作用。

（三）4~5岁：提高孩子表达能力

口齿伶俐的孩子朋友会更多。平时多让孩子复述故事或表达自己的想法。当然，3岁以下的孩子，社交还需要妈妈的帮助，可以邀请一个与孩子同龄的小伙伴来玩，他们玩的时候，自己也参与。孩子和其他小伙伴玩耍时，要帮助孩子用合适的词语描述自己的情感和渴望，避免他感到挫折。当他和小伙伴打架时，要与他谈心，弄明白他为什么这样恼火，也要让孩子知道爸爸妈妈理解并接受他的感受，但让他明白打架不是表达感受的好办法。然后，建议他以和平的方式解决问题。最后，在他理解自己做错了什么以后——而不是以前，让他向小伙伴道歉。一个4岁的孩子已经开始明白"道歉"的意义。

六、细说男孩"恋母情结"的是是非非

恋母或恋父情结是最基本的人际关系，也是最早发生的人际关系，长大以后的各种人际关系都不同程度地受它的影响。可以说，后来的各种人际关系都是这种情结的变形。3~6岁，孩子会出现恋母情结，进入青春期后，恋母或恋父情结的对象不再是自己的亲生父母，而是父母的替代者，可能是父母的朋友或老师、名人或当红的明星等。随着年龄的增长，恋母情结的对象渐渐年轻化，终于被同龄人所取代。真正意义上的友情和爱情产生了。

✎ 亲子故事

女方回忆起以前的家庭，只能是一声叹息。

老公比老婆大12岁，老公非常疼爱老婆，就像宠着自己的孩子一样。老婆没有工作，平时就打点打点家务。

婆婆很早就离了婚，一个人把儿子带大，对儿子疼爱得不得了。结婚后，婆婆和夫妻俩住在一起。相处得时间长了，婆婆对媳妇有了看法，因为婆婆认为媳妇工作没有，每天都睡得很迟，还不喜欢做家务，不大买菜，不大做饭。儿子忙里忙外，当妈的看在眼里疼在心里，自己从小带到大，儿子什么时候这么操劳过？

于是婆婆经常在儿子面前说媳妇的不是，早也说，晚也说，拐弯抹角地数落媳妇，就是没有当面跟媳妇说。儿子听了心里很难受，妈妈把自己拉扯大，现在反而过得不舒服，是儿子的责任，是老婆没有讨好。于是从冷言冷语，恶言相向到最后动拳头，老公抓着老婆的头发把头往墙上撞。

老婆觉得这样的日子过不下去了，觉得婆婆认为自己什么都不好，觉得老公认为母亲说的都是对的，这个家没办法维持下去。最后，离婚了。

写给妈妈的话

很多妈妈都为儿子对自己的依恋而自豪，她们一直带着孩子睡觉，一直到孩子七八岁甚至十几岁，孩子很喜欢赖在妈妈身边，甚至要抚摸妈妈的乳房才能入睡。妈妈们在骄傲自己和孩子的亲密关系的时候，却忽略了自己可能在助长孩子的恋母情结，恋母或恋父情结几乎是每个孩子在成长过程中的一种经历。虽然大部分孩子都能顺利的度过这个阶段，但是，如果妈妈无意间助长的话，孩子可能会把恋母情结一直带到成年，造成不利的心理影响。

过分的"恋母情结"会造就不成熟的个性。在成年后还保留浓厚的恋母情结的成人，往往在个性上是极为不成熟的，妈妈的过分爱怜会造成男孩的幼稚、依赖、孤僻、不合群，不会与同龄人交往，缺乏阳刚之气，还会表现在：

（一）不承担责任、没有主见、缺乏进取精神

有恋母情结的男人，因为非常害怕失去妈妈的爱，所以一直试探着母亲的态度，处处希望妈妈满意，抑制自己的要求和愿望。由于过于依附母亲，思维方式和言谈举止都容易女性化。在社会上也是一个懦弱的人，缺乏自主意识。

（二）恋爱时难以形成稳定的恋爱关系

在恋爱时，有恋母情结的男人往往有两种表现，一种是表现得循规蹈矩，按照母亲的标准去寻找恋爱对象；另一种是"花花公子"型，因害怕承担责任而对任何女人都难以长情。

（三）走入婚姻之后难与妻子形成圆满的关系

外表上循规蹈矩的男人结婚之后，在和妻子的关系上往往不融洽，过于看重自己的母亲而忽略妻子的感受，听不得妻子说一句母亲的坏话，为此，会常常与妻子怄气。夫妻关系的裂痕也会越来越大，最后达到不可收拾的地步。

（四）容易造成孩子自私的个性

有恋母情结的男性，习惯于单方面获得，不懂得自己应主动地去为他人服务。

（五）影响心中的男女关系模式

造成恋母情结的妈妈通常是比较强势的、独断的，即使是孩子已经成年，仍然有潜意识要控制孩子的欲望。在婚姻中，父亲的角色也相对弱势，这会影响孩子心中的男女关系模式。在他成年后寻找伴侣时，也会下意识选择跟母亲有些相似的比较强势的女人。而强势的妻子更不能容忍丈夫对母亲的无条件服从，两个强势的女人容易产生激烈的冲突。夹在妻子和母亲之间的男人容易养成压抑的性格。

从另一个角度来说，"恋母情结"是母亲对儿子的过分爱恋造成的。根据弗洛伊德的观点，是母亲的"恋子情结"诱发了儿子的"恋母情结"。而"母子互恋情结"是要特别当心的。它的后果是可怕的，极端的危害是会酿成不正常母子关系的悲剧。

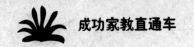
七、这些"私密话"怎么跟孩子说

在陪伴孩子成长的过程中，我们总是逃不掉这一天，需要认真思考类似以上的种种问题——当初那团粉粉嫩嫩、趴在自己胸前咂嘴巴的小东西，不过在转眼之间，就神奇地越长越人，越长越大，一直大到你不得不严肃对待他们的性别特征。

这种转变，在英文的表达方式中体现得更为明显——在英美语系的国家和地区中，人们在语言交流中使用不含性别色彩的"it"，来指代摇篮里的婴儿。等到孩子直立行走、掌握了一定的生活技能（比如喝水、吃饭、大小便）之后，就开始使用"he"和"she"来分别称呼男童和女童。也就意味着从这个时期起，大家就开始把孩子当作一个有性别的"准成年人"来对待了。

妈妈的教养方式，呈现给孩子身为一个"男人"或"女人"符合社会期待的生活方式，妈妈应该如何迎接这一教育的挑战？

✎ 亲子故事

强强是一名初中二年级的学生。由于调皮贪玩，他的学习成绩一般。但是，他却有个凡事爱问为什么的优点。有一天晚上，他做完作业后，跟爸爸妈妈一块看电视。电视上正在播出《西游记》的第一集，只见在一片荒凉的石头堆里，孙悟空突然从一块石头里蹦了出来。这时，强强仿佛明白了什么，说："原来，孙悟空是这样生出来的。"于是，他不再看电视了，目光也转向别的地方，好像是在想着什么事情。随后，他问妈妈："妈妈，孙悟空是从石头里蹦出来的，那我是从哪里来的呢？"

写给妈妈的话

一般来说，孩子到了四五岁问妈妈，自己是怎么来的。对于这个问题，几乎每一个妈妈都会遇到，历来的做法是瞎编，比如"捡来的"、"送子娘娘送来的"等，再比如"真没羞，问这个"或者"长大了你就知道了"。

这种做法的结果，一是孩子会不信任妈妈，认为妈妈欺骗自己。二是孩子会将这个疑问存在心里，并且遇到有关这方面的问题，永远不向妈妈提起，稍大一些时，在这个问题上，反过来对妈妈持欺骗态度。三是使得这方面问题在孩子心目中显得神秘，刺激了他的好奇心，更加着意去了解和探索，甚至自己去找书或与同伴去研究，这会给坏人以可乘之机。当然也可能导致他怕接触这类问题，而使他将来的情感生活不健全。

这些，当然都不是妈妈希望的后果，那么怎么办才是正确的呢？事实上，每一个人都会有不同的解答方式，完全不能强求一律，农村孩子经常见到动物的活动，妈妈可以结合这个来讲。居住在城市的妈妈也因知识水平和职业不同，对孩子采取不同的方式，但要掌握一个原则——不能欺骗！事实上，只要一次讲明白了，他以后不会总问的。

既然不能强求一律，到底怎样回答才是最妙的呢？仅举一个例子："你看见这朵花了吗？这个中间的，是妈妈，旁边的是爸爸，爸爸把花粉授给了妈妈，就结了果子。人也是一样的，你就是这个果子，你看，这个花妈妈肚子圆圆的，那就是它的孩子，你先是在妈妈肚子里，很小很小，妈妈吃了好东西，变成营养给了你，你就长大了，就从妈妈肚子里出来了，就是现在的你了。"

总之，不要讲假话，不要骗孩子，但也不必讲得过细。

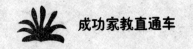

八、情商靠"慢养"不宜"快教"

美国心理协会终身成就奖获得者丹尼尔·戈尔曼在其所著的《EQ》一书中清楚地指出："家庭是培养 EQ 的第一所学校，有高 EQ 的父母，才有高 EQ 的小孩。"

✎ 亲子故事

音音 7 岁了，有一次家里来了客人，可音音在接待客人时没有运用礼貌用语。妈妈发现后，并没有当场在外人面前指责孩子，因为妈妈知道，当场批评和指责通常会造成孩子逆反和不服的心理，而且这种做法本身也是不礼貌的。在客人离去后，妈妈把音音叫到身边，温柔地对她说："音音，叔叔今天送你的礼物喜不喜欢啊？"音音马上回答道："喜欢。"妈妈接着说："那你对叔叔讲话时，没有运用礼貌用语，这是不对的。你应该说'谢谢叔叔'，你说是不是？"音音恍然大悟地说："哦，对不起，妈妈，我忘记了，以后会注意的。下次见了叔叔再跟他说'谢谢'行吗？"妈妈听了之后笑了。

还有一位妈妈也发现，她 4 岁的儿子在接受他人礼物时没有使用礼貌用语的习惯。有一次，儿子在接受一位客人的礼物时，妈妈就微笑地对儿子说："童童，你是不是忘记说什么了？"4 岁的童童还是没有意识到自己应该说什么。这时，妈妈对客人说："谢谢您送礼物给童童，我代童童谢谢您！"童童听了妈妈的话，这才意识到自己没有表达谢意，于是奶声奶气地说："童童也谢谢阿姨！"

写给妈妈的话

妈妈是孩子"EQ"基因的慢养者。EQ指的是一个人的情绪智力（emotional quotient/intelligence）。简单来说，EQ是一个人自我情绪管理以及管理他人情绪的能力指数。它不同于IQ受父母遗传基因的影响，EQ的高低主要还是靠后天的培养。丹尼尔·戈尔曼发现每个人对情绪的认知和处理情感的能力大部分是从父母那里学来的。如果妈妈生气时会乱摔东西，那宝宝看样学样，也会用极端的方式发泄不满；如果妈妈独立孤僻，不愿与人合作，那宝宝将来很有可能也会"与世隔绝"。

虽然EQ不受父母DNA影响，但父母自身的情绪控制是宝宝EQ雏形最直接的导火索。而朝夕相处的行为引导，又是孩子奠定自身EQ最主要的指征。

研究指出，EQ最早在0岁时就开始出现，进而在整个童年期逐渐形成，然后建立起我们已有的情商观念。孩子脑部的发展在0~5岁时是一生最快速的，特别在情感能力的学习方面。四步慢养法植入宝宝EQ的"种子"：

（一）建立安全信任感

0~1岁，此阶段父母应经常与宝宝一起做各种游戏，教宝宝说简单的话，尽量满足宝宝急于探索世界的要求。此时，父母除了在生活上悉心照料宝宝之外，更需要在心理上、精神上安抚和关爱宝宝，让他在懵懂中建立起对这个世界最初的信任感和安全感，为建立平衡的个性打下良好的基础。

（二）强化并固定好情绪

2岁开始出现人生的"第一个反抗期"。开始分辨"你的东西"和"我的东西"，并拒绝和别人分享自己的东西。容易兴奋，易怒。他开始会细分情绪，如开心时会大笑，而看见了妈妈会微笑。在此阶段里，父母应帮助宝宝强化和固定好情绪，疏导不良情绪。

（三）提供感受丰富情感的机会

3岁已经学会用哭以外的方式来表达他的要求，他会采用行动和语言来表达他内心的感受和兴趣爱好。例如，宝宝尖声大叫，说明他很不高兴；而有打人举动，则是心情已经很恶劣了。看见爸爸妈妈吵架，他们会在一旁哭；

见母亲情绪不好，也会安慰妈妈说"妈妈，笑笑"。此时，父母最重要的是要为孩子提供感受各种情感的机会，还要善于把孩子丰富且敏锐的情感引向好的方向，在潜移默化中促进其健康发展。

（四）建立快乐的人际互动

4~5岁的宝宝有了社会性的发展：亲子关系、师生关系以及同伴之间的关系。如果父母对孩子不够关爱，会造成孩子的情感饥饿；如果孩子害怕老师，可能会对以后的上学产生情绪障碍；如果处理不好与别的小朋友之间的关系，那么孩子可能养成孤僻的性格。所以，父母不但要注意与孩子间的亲子感情，同时也要关心孩子在幼儿园或在同伴面前的表现。

九、五步骤助妈妈培养孩子的高情商

EQ 在国内造成一股热潮之后，不断有许多妈妈咨询有关培养孩子 EQ 的问题，其实目前对 EQ 的主张可谓百家争鸣，所举的内容和培养之道亦是包罗万象，不胜枚举。

✎ 亲子故事

英国的一个小镇上，有一位小杂货商，杂货商有个女儿，名叫玛格丽特。玛格丽特从小受到父亲的教育就是：永争一流。父亲对女儿说：你就是坐公共汽车，也要坐到前排。女儿记住了父亲的教诲，从小学到大学，学业成绩总是名列前茅，演讲、文艺、体育等活动也一直走在前列。校长评价说："她是学校中最优秀的学生，每件事都做得很出色。"这位优秀的女生，后来成为英国第一位女首相，就是玛格丽特·撒切尔夫人。

理查·派迪是运动史上赢得奖金最多的赛车手。第一次赛完车回来，理查冲进家门叫道："妈，有 35 辆车参加比赛，我跑第二。"

"你输了！"他母亲回答道。

"但是，妈！"他抗议道，"您不认为我第一次就跑第二名是很好的事吗？特别是这么多辆车参加比赛。"

"理查！"妈妈严肃地说，"你不用跟在任何人后面跑！"

接下来的 20 年，理查·派迪就用"勇拿第一"的标准要求自己，从而称霸车坛。因为他从未忘记母亲的话——"理查，你不用跟在任何人后面跑！"

撒切尔夫人和理查·派迪之所以能取得成功，其中的一个原因就是，父母的严格要求促使他们为追求更高的目标而奋力拼搏。当然，严格不等于苛刻，我们在对孩子提出要求时，要考虑孩子的实际水平和心理承受能力，以免挫伤孩子的自信心。

写给妈妈的话

妈妈对孩子的情绪教育有五个步骤，分别简要介绍如下。

（一）察觉孩子的情绪：孩子如同成人一样，他们的情绪背后有其原因，不管他们是否清楚原因所在。当父母发现孩子有不明来由的怒气或沮丧时，不妨停下脚步来了解他们生活中发生了什么事情，并且运用一些方法来引导孩子正确地表达各种情绪。

（二）体察情绪是亲近孩子和教导孩子的机会：一些父母试图忽视孩子的负面情绪，希望他们的这些情绪能够自己过去，但父母经常发现这个方法的效果不好。事实上，父母在情绪的疏解方面要给孩子以协助，帮助他们澄清情绪、了解情绪，才不致使孩子的负面情绪扩大或恶化。

（三）换位思考式的倾听和确认孩子的情绪：孩子的情绪需要父母通过注意他们的身体语言来觉察，如脸部表情和姿势。但是别忘了，孩子也会观察父母的身体语言。因此，父母可以用一种轻松但专注的态度来倾听孩子，可以通过不带质问的语气来询问孩子，了解他们的情绪，如说："你今天看起来有点累？"然后，等待孩子的反应。

（四）帮助孩子以言语表明情绪：当父母看到孩子流泪，可用同理心来反应："你觉得很伤心，是不是？"这可以让孩子了解，并学到描述情绪的字眼。研究显示，一个人如能以适当的言语形容情绪，可以帮助自己在神经系统上取得宽心或镇静的效果。当然，这并不是让父母告诉孩子该如何表达情绪，而只是单纯地协助孩子发展表达情绪的词汇。孩子也如同成人一样，他们同时也会有两种以上的混合情绪，这时父母可以通过言语让孩子了解这是正常的，比如父母可以对孩子说："我知道你对参加少年棒球队选拔有点兴奋，也有点害怕。"

（五）与孩子商讨解决之道：父母要让孩子了解自己的情绪不是问题，偏差行为才是问题，这是帮助孩子成长和进步的关键。当孩子因情绪问题而出现偏差行为时，父母可以与孩子一起讨论问题的解决之道，帮助孩子顺利解决问题。举例而言，父母可以说："你很生气小杰拿了你的东西，如果是我也会生气，但你打他是不对的。让我们想想有没有其他解决的方法。"

第八章
你愿意做孩子的"超人"吗

在心理学上有一个"皮格马利翁效应"，它有一个理论叫作"你用什么眼光看你的孩子，他就会成为那样的人"。虽然孩子还有其他的缺点，但是千万不要吝啬你的夸奖和支持，多从他们身上寻找优点，这就是一个很好的开端：让孩子慢慢接近你想要的样子。

每个孩子都是拥有非凡才能的"超人"，而这种积极的思考和创新，正是帮助"超人"起飞的"斗篷"。你愿意亲手帮助孩子披上这件斗篷吗?

每个孩子都是一座宝藏。有些孩子之所以能够做得更出色，就是因为身边的妈妈总是能够找对方法，去发动他们身上的潜能；而这些打开孩子潜能的"钥匙"当中，优良的个性是重要的一环。对于尚处于成长期的孩子们来说，一切还在塑造阶段，只要妈妈能够暂时放下急功近利的心态，用欣赏的目光去看待他们，就会发现孩子身上的独特之处。

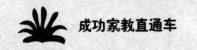
一、关于孩子才艺的浮云和神马

遥想当年，"70后"们读初中时才接触到"English"、"美术课"和"音乐课"，"80后"们在用汉字为单词注音的同时一致认为，美术课就是画画，音乐课就是唱歌。

在家庭教育中，引导孩子培养健康、有益的兴趣爱好是一个重要内容。妈妈们是希望孩子学她们认为该学的还是学孩子喜欢学的，这里面就涉及"孩子做自己的愿望是否被支持"。

✎ 亲子故事

有一位华裔妈妈小时候因为家里经济拮据，没有学习机会。当有了孩子以后，她开始按照自己的设想，为儿子提供各种学习机会。从上幼儿园开始，除了认字、算术，还培养儿子各方面的才艺，如画画、弹钢琴、拉小提琴、练书法……可能因为学的东西太多、压力太大，儿子常常出错，遭受责备。妈妈觉得一切都是为了儿子好，多学点东西将来能体会其中的好处。儿子15岁那年，妈妈开始后悔，她发现自己15年的教育方式错了，因为儿子变成一个很不快乐、常常忧郁的人，并且放弃所有他本来感兴趣的东西。

写给妈妈的话

每个人都有两种最基本的渴望：独立——我的地盘我做主；连接——被理解、接纳、支持、分享等。

如果孩子的愿望、感受被尊重、接纳和支持，孩子就可以放心地做自己，就会有主见，会重视自己；如果孩子的愿望因为不符合父母的想法而被批判、被禁止、被轻视，孩子就会很纠结。

孩子很小的时候，是依赖妈妈的，他们会因为害怕失去妈妈的爱、照顾或者害怕被妈妈惩罚而讨好妈妈委屈自己，孩子内心就会很纠结，一方面讨好认可，一方面渴望自主。很多成年人，也会被"我就要做自己"、"我不能做别人不赞赏的事"而纠结憔悴，表现为不是过分执拗的任性而为，就是过于讨好。

其实，在每个人的童年中，有千千万万次的情况让孩子体验到他是否可以做自己，而才艺兴趣选择是其中非常明显和重要的一类事情。

孩子在学习才艺这个过程中是一个什么状态，也是非常重要的。一个孩子兴致勃勃、沉醉于一件事情的体验，是千金不换的，那意味着他内在生命力正在发挥作用，有一件事情可以让孩子全情投入，也意味着生活的某个部分能引发他们的热情。

人最怕什么呢？最怕就是对什么都没热情，无论是孩子还是大人，谈到什么都索然无味，那么他的整个生命力都是萎缩的，如同花盆里打蔫的花草。每个生命都是一个奇迹，每个人都是一个宝藏，不应该这么唯唯诺诺黯然失色。很多孩子一做作业就像吃药一样，一到练钢琴的时间就眉头紧锁，妈妈付了钱，不练好像欠妈妈的一般。这就不对了，人也不开心，事也做不好。何苦？何必？

好比吃自助餐，有些孩子盛多了，妈妈就让孩子都吃完，孩子明明吃饱了，妈妈还坚持让孩子吃完，理由是不能浪费。其实吃下去就不浪费了吗，孩子的肠胃可比那点食物珍贵。其实，避免浪费是之前少盛，不是多盛了吃下去。假如一个孩子因为一时的好奇报了班，妈妈投入买了钢琴，孩子最后不喜欢了，不想弹了。这时候去催逼孩子弹，就像逼着孩子硬吃下多盛的食物一样。钢琴的投入有收回吗？没有，另赔上孩子的快乐，带来孩子抵触妈妈的副作用，付出了更大的代价。

简而言之，孩子学什么才艺都好，关键在于：那是他要的，还是你要的？孩子因此而更快乐，更有热情，还是觉得是负担，产生了抵触？孩子因为学习，自信增加还是自卑暴涨？孩子学习的时候，他遇到困难时，是被体贴和支持，还是被要求和指责？

除了关系之外，还应关注"兴趣"。兴趣从来都是展现的，而不是培养的。即便是最好的钢琴老师，他也不能让所有的孩子都喜欢钢琴；即便是最糟的钢琴老师，他也不能让所有的孩子都讨厌钢琴。老师很重要，他能让兴趣之火更旺还是更小，但他不能无中生有，使有变无。兴趣在哪里，天分在哪里，包括兴趣浓厚程度都是天分，与生俱来，所以不顾孩子的喜欢与否去设定孩子的道路是注定白费苦功的。

所谓"兴趣的转移"不过是浮云。孩子只不过怀着好奇心探索罢了，真正的兴趣，孩子放下了还会拿起。不是真的兴趣，拿起了最后还是要放下。人发现自己的兴趣不容易，很早就发现自己的兴趣的人是幸运不是常态，绝大多数人都需要大量的探索。作为爱他们的妈妈，应该预备好付出时间、耐心和金钱等各种成本。养孩子本身就是高成本，为了孩子成才我们不能省料。

当然付出成本不代表不去顾及成本。即便是不需要太多金钱，我们也不必随口答应孩子想学什么的请求，我们要追问一句，真的吗？如果需要投入较大，那就应该把那个门槛设得高一些，比如孩子要买钢琴，我们就对孩子说：好呀，可以买呀，但怎么能确认你真的喜欢呢？孩子大概口头保证一番，我们不要买账，对他说：这样，我先送你去钢琴班，如果你一个月后能学得好，而且还非常喜欢，那就买。总之，要通过时间、结果来确认孩子的兴趣，不要孩子一提要求我们就答应。这不仅是经济问题，更是重视的问题。

二、慧眼妈妈帮孩子正确选择才艺

如果让一个天性活泼的孩子去学围棋，或是让一个天性内敛的孩子去学习表演，就会无形中为孩子平添不少压力。作为一个有眼光的妈妈，不妨让孩子按照他固有的个性来发展自己。

一般而言，孩子的性格特点和学习风格在他 6 个月时就开始显露，到 3~4 岁会越发明显。应该按照孩子的个性进行才艺培养。这样他不仅享受快乐，也省却了父母的操心。更重要的是，他还能做出一些成绩来。作为父母，何乐不为呢?

✎ 亲子故事

达尔文从小就对昆虫感兴趣，发现一只陌生的小昆虫，就如获至宝，趴在地上一看就是一两个小时，简直入了迷。正是在这样的兴趣推动下，他历尽艰辛，周游世界，考察生物，经过三十多年的辛勤劳动，终于写成《物种起源》，闻名于世界。

爱因斯坦从小就对他感兴趣的事情废寝忘食地努力钻研。他四五岁时，就对指南针产生兴趣，他长时间摆弄它，惊异那小针为什么总是指着同一方向。他还能一次又一次不厌其烦地搭积木，直到把又高又尖的"钟楼"搭好为止。正是这种浓厚的兴趣和伴之而来的思索、追求，使他成为世界伟大的物理学家。

美国著名发明家爱迪生，小时候并不聪明，但他对一切都充满了好奇心，喜欢刨根问底。比如，他曾学母鸡的样子趴在草丛里孵蛋，因为他好奇母鸡为什么用体温能孵出小鸡，而人却不行？他看见小鸟在天空中飞翔，联想到家中做面包的发酵粉能产生气泡，让面包变轻变软。人要是吃了发酵粉，是否也能使身体变轻像鸟一样飞上天呢？

正因为他对大自然的种种奇观异象都充满好奇，所以他从一个儿童玩具中得到启发，如果把照片连起来快速移动，就会在眼中构成连续的动作，因此发明了电影放映机。爱迪生一生发明无数，像留声机、电灯、喷气机车、有声电影等。这些发明强烈地冲击着现代文明，使人类进入一个崭新的生活境界。

写给妈妈的话

如何做到根据孩子的个性而选择不同才艺？

（一）喜欢安静：适宜学围棋

1．识别方法

比较安静的孩子，特别喜欢比较，譬如他能发现，妈妈包的饺子和奶奶不一样。所以像拼图一类的游戏，足以让他快乐地摆弄上几个小时。

2．提示

这类孩子有耐心的个性和细致的观察力，还有比较好的逻辑思维能力。他们总是不经意地去探索和寻找事物之间的联系。所以，父母应不断培养他严谨和较真的个性，可以让他参加围棋、数学或科学实验等兴趣班。平时，如果孩子提出问题，也应尽可能给他一个合情合理的答案。

（二）喜欢服饰：适宜学绘画

1．识别方法

这类孩子喜欢收集漂亮的布娃娃，还喜欢挑选自己穿着的服饰，常会对自认为不好看的衣服拒绝穿着。

2．提示

这类孩子在学习时，如果为他们配上鲜艳图片或者绚烂视频，强烈的视觉刺激会让他们立即进入状态，在形象的世界里，他会感到特别舒心。这类孩子最好让他们去绘画、雕塑或儿童模特队等兴趣班学习。

（三）喜欢动手：适宜学书法

1．识别方法

这类孩子比较有耐心，并能完成技巧较高的活动，如拆装汽车、穿珠子等，虽然这类活动在孩子们的游戏中常常进行，但只有为数不多的孩子能坚持到完成任务。

2．提示

这是一类难得的孩子，只要正确引导，成人后都有认真、细致的态度，这是做任何事情的基础。可以让他们参加一些手工方面的兴趣班，如书法、编织、珠算等，帮助他们在拓展个性的同时，学到一些技能。

（四）喜欢说话：适宜学声乐

1．识别方法

孩子对富有旋律的音乐会有特别的反应，常会啊、啊地叫，并挥舞小手。有时突然听到电视里传来一段音乐，立即会跟着唱起来。这类孩子一般开口说话比较早，并且喜欢学说大人的话。

2．提示

这类孩子的思维模式是由声音带动的，他喜欢利用声音学习。在传统的教学模式中，大部分老师都是通过口授进行教学，这对于听觉学习型的孩子是十分有益的。他们比较适宜学相声、声乐或钢琴等。

（五）喜欢模仿：适宜学表演

1．识别方法

这类孩子在人越多的场合，表现得越活跃，越希望自己是主角。当然这些孩子也有能够吸引更多人注意力的能力，譬如丰富的表情、手舞足蹈的样子以及高亢的声音等。

2．提示

如果孩子已经上幼儿园了，父母应和老师沟通，不妨在适当的时机给孩子表现的舞台，只要能给孩子有一次在正式的公众场合得到认可，他就能更自信地对待自己。这类孩子适宜到表演、主持、舞蹈等兴趣班去学习。

（六）喜欢打闹：适宜学武术

1．识别方法

这类孩子可能是被认为最有活力的，他们好动，注意力也不够集中，常常不是在跑就是在跳，即使在吃饭的小小间隙也不消停。他们无论是爬还是走路一般都要比其他孩子早。

2．提示

这类被称为触觉学习型的孩子，在传统教学模式中很吃亏。但是他的动作协调能力较强，适当地让他们参加跆拳道、武术和游泳等兴趣班的话，反而有利于他们日常安静的学习。

三、涂鸦是孩子进行想象的手段

绘画作为一种符号表征形式，是人类心智发展的重要成就之一，也是孩子认识世界、进行交流的手段与工具。绘画有自己的内在逻辑和表达方式，绘画中蕴涵着孩子们的思想与活动。孩子随意画下的一根线条、一个图案、一种色彩，都是通向孩子内心世界的地图。

比如，喜欢用一些很强烈的颜色的孩子多是体力充沛，热情四射，做事情很有激情，极具领导才能，缺点是没有什么耐性，妈妈应该多进行适当得体的夸奖与称赞；下笔较轻，喜欢用蓝色和黑色，色调也较单调的孩子则感情很含蓄也很敏感，喜欢独自思考，在人际交往上比较被动，但是记忆力很好，知道关怀他人，妈妈应该多带孩子去参加社交活动，培养社交能力。

✎ 亲子故事

一个孩子，用黑色的画笔把一整张白纸涂得漆黑一片，谁也不会知道他画的究竟是什么。妈妈面对"不知所云"的作品，没有训斥，而是非常诚恳地询问，孩子想了一下，非常认真地用小手指着他的"作品"，一本正经地解释道："在一片大树林里，有小狗、小猫、小松鼠、小白兔、小公鸡、小鸭子、小燕子、小麻雀……好多好多小动物。它们聚在一起，非常高兴，又是唱歌，又是跳舞，它们唱累了，跳累了，太阳下山了，天黑了，它们就呼呼地睡觉了……"

天哪，那"漆黑一片"的作品中，竟然包含着那么精彩的故事！孩子的想象力是那样的新奇、丰富，而且表现手法还相当独特，富有创造性！让人庆幸的是，这位家长是孩子的"知音"，是教育的有心人，非常尊重孩子，没有简单粗暴地贬斥孩子那让人一头雾水的绘画"作品"，从而发现并有效地保护了孩子的想象力和创造力。

"涂鸦"是孩子进行想象的手段，是发展想象力的途径。保护"涂鸦"，就是保护想象，赏识"涂鸦"，就是鼓励想象。面对孩子的"涂鸦"，不要禁止，不要过早地给孩子以绘画的"规则"，要知道，想象力要比绘画技巧重要得多。

写给妈妈的话

孩子在两三岁的时候，最喜欢乱涂乱画。而孩子的涂鸦期也非常关键。涂鸦是孩子进行想象的手段，涂鸦和语言一样传递着孩子的情绪与感觉，通过涂鸦，孩子不受任何限制地根据他的直觉挥洒他的创意，从中获得创作的乐趣与成就感。在有些妈妈看来，孩子的涂鸦似乎没有任何价值，她们更不明白孩子用彩笔究竟想要表达什么，但涂鸦客观上对孩子手、眼、脑的协调配合，增强脑、眼对手的指挥能力，有着巨大的促进作用。这种作用，是其他活动所不能替代的。

在从前，孩子们在田野里嬉戏玩耍，体验自然，感受世界，那份纯朴和纯真，是现在生活在高楼林立的"水泥森林"里的孩子所无法体会到的最珍贵的东西。尽管现在的物质水平提高了，给孩子们带来了许多高科技的东西，电视机、电脑、电动玩具等成为孩子们的玩伴，他们过早地接受大人的思维方式和行为准则，也失去很多宝贵的经历。

美术式思维就是指通过美术游戏，让孩子学会如何思考，以培养他们良好的个性、塑造美好的情绪以及发展想象和创造力。它有别于传统的美术教育，不单纯追求美术技巧和效果，而在于通过美术获得思维方式的培养和提升。换句话说，美术式教育的核心理念在于"创意力"的培养。说到"创意力"，很多人并不理解，我们不能简单地把它理解为"天马行空的想象力"。创意力绝不是一种"空想"或者"幻想"，而是一种综合能力的概述。简而言之，就是一种"可以多角度发现问题和解决问题的能力"。说到这里，我们就可以理解，为什么现在的社会如此诉求"创意力"和"创造性人才"。而"创意力"最初产生萌芽，应该得到培养和发展的阶段恰恰是 2~7 岁儿童期，这是儿童的身体和生理的发育规律，也就是说，2~7 岁这个年龄阶段是儿童发展"创意力"的最好时机。

比如创艺宝贝有趣的"美术情景剧"——漫天飞雪：

"让我们听听报纸的声音吧！"——原来报纸能发出不同的响声；轻轻搔它的痒它会发出"吱吱"声；使劲摇它，它会发出"咔咔"声。

我们再沿着报纸有齿的一边，"哧啦哧啦"把它撕成条。"像狗尾巴！""像面条！""像妈妈的长头发！"……一会儿，地上就铺满了报纸。

"我们再把报纸扬起来看看像什么？"顿时，整个小房间飘飘扬扬——就像下雪！下雪啦！下雪啦！哈，太有趣了，以前可没这样玩过啊！

我们再来"打雪仗"，把妈妈埋在"雪地"里。"一起来堆雪人吧！"用报纸堆雪人，这可是破天荒头一回！

报纸真是太习以为常的东西了，但我们还没这么仔细地注意过它的形状、颜色、气味、声音、触感呢！所以这一美术情景剧很能激发孩子的新奇感。特别是在"下雪"这个环节中，孩子会玩的很疯，在这个基础上再启发他将报纸变形，利用胶带彩纸等饰物做自己想做的东西，能很好地培养孩子的想象力、创造力。

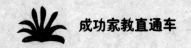
四、孩子学画画创意比素描更重要

创意美术主要通过不同的材料，通过美术的方式，让孩子"抒发"自己心中所想，激发幼儿表达欲望；或者通过绘画游戏，以基本造型元素和色彩刺激幼儿视觉、听觉、嗅觉、触觉等感官，激发幼儿对美术的兴趣，形成对"美"的初步感悟。对于妈妈来说，在家一样可以陪孩子"玩"创意美术。

✎ 亲子故事

一天，张女士的孩子拿彩色笔在本子上画画。画一个长长的，说自己画的是枪，又画了一个弯的，说自己画的是刀，这些在大人看来不是太规则的东西，但他却是乐此不疲。一会儿，孩子画了一个妈妈看不出是什么的东西，骄傲地给妈妈看，"妈妈，你看，我画的是月亮。"妈妈看了一下，根本就不是什么月亮，只是随手画了几个圆不圆、圈不圈的图形。但是如果连几下，倒还像是个月亮，于是，妈妈拿起另一支笔，在他的画上改了几下，把几个弯给连上自以为画了一个不错的月亮，还告诉他，这才是月亮。然后又自作主张地往孩子的图画上面画上了几颗星星，还告诉孩子，星星要在月亮旁边，画的要小一些。

妈妈认为自己画的还凑合，儿子一定会喜欢，可没想到孩子一看妈妈画的，说："不，你画的不对，我画的才是月亮，我画的是月亮在跳舞，我不要你画的，要我以前那个。"

妈妈只好告诉他："彩色笔画的不可以擦去。铅笔画的才可以擦掉，你自己再画一个好不好？"孩子极不情愿地翻开了另一张纸。可他再也画不成刚才的样子了，因为那幅本来就是他随手涂的呀。这下，孩子可不干了。对妈妈说："我就要刚才那个，我要我画的那个。"

妈妈只能再跟他讲："不行的话你自己再画个别的吧。""不行，我要我的月亮，我画不成了……"小家伙越说越急，急得哭了起来。张女士觉得这种小事不值得发这么大的脾气呀，哄了一会儿还是不行，对孩子吼了起来。孩子抹着眼泪，抽泣着说："我就是想要刚才那个，我画不成了。"张女士突然意识到自己挺过分的，孩子自己认为自己的得意之作让我给"糟蹋"了，自己又不能还原一幅，本来就挺委屈的，还在这里对他大吼大叫的。实在是不妥。

于是，张女士再次轻声地对儿子说："宝贝，这样吧，这个改不了了，你重新画个别的吧。但从今以后，你自己画，妈妈不再给你改了，你认为你画的漂亮，妈妈肯定不给你改了，你让妈妈给你画别的，妈妈再画，这样子好不好？"好话说了一大堆，儿子终于原谅了妈妈。以后儿子的大作张女士可不随意修改了。

写给妈妈的话

很多妈妈一看孩子爱上了画笔，就觉得自己的孩子一定有绘画天赋，绝不能浪费，赶紧报个班，最好能考个级，为将来升学增加点"分量"。但是不少教育专家却建议，12岁前，孩子不适合美术考级。

（一）孩子涂鸦敏感期的信号

当你的孩子爱上画笔，也许是天赋，但更多的可能却是他的绘画敏感期来了。科学家早就发现，孩子从三四岁就开始了画画敏感期。孩子在画画敏感期到来时，往往通过涂鸦和画各种画来表达自己的感情。这是孩子在表达能力不够完善时的一个补充，也是孩子充分发挥自己想象力和儿童独有创意的一种方式。在这个时候，妈妈该做的就是陪着孩子"玩"画画。

"儿童美术的最大价值在于创造。而非技巧。"上海现代儿童美术馆馆长薛文彪从事创意美术教育多年，在他看来，儿童应该在12岁以后才开始学习素描、速写、造型、明暗这些传统美术基本功，过早学习没有意义。"儿童跟成人不一样，儿童阶段的基础应该是：色彩、构图、认知、大胆表现，以及掌握各种绘画工具和材料，包括水彩、水粉、油画、炭笔、水墨等。"中国美术家协会少儿美术艺委会委员陈发奎同样认为，儿童绘画是最典型的直觉反应，在诸多印象面前适当引导，使儿童一开始就进入创作成为可能。陈发奎赞同儿童画的"不似之似"："不似为欺世"是不符合印象和感受，"太似为媚俗"又有过于理性和概念化之嫌，缺乏童趣和艺术意味。

（二）在西方，创意美术 = 自由绘画

提及儿童创意美术，来自法国南锡高等艺术学院的保罗·德沃图教授一脸茫然，但当他看过几个孩子的作品后，捧出一本 1938 年出版的名为《自由绘画》的法国书籍——作者 EliseFREINET 和她先生一起开创了法国一种很有名的教育方法：自由绘画。

保罗介绍说："自由绘画就是提倡不具体教孩子们画什么，让他们自由发挥。"他以前在法国教过孩子的课，老师每节课会指定用一种工具来完成一个作品，没有任何限制，宗旨是鼓励学生多元化创造，跟别人不同。老师引导的作用，是避免孩子们做出雷同的东西。"自由绘画主要是培养孩子的兴趣，如果孩子们真的对绘画有兴趣，可以另外报很专业的班去学素描、水彩什么的。"这跟薛文彪的理念不谋而合。"自由绘画刚出来时，很多家长不理解，认为不严肃。但在法国，当年的孩子现在已经成为家长，完全能接受这种教育方法。自由绘画，可以说已经根植于他们的思想中，因为它可以'唤醒'人们的创造力。"

据了解，在法国，即便是现在的美术学院也已经完全摒除了传统美术的概念。"传统美术不能说是没有地位或不存在，而是退为多样化选择的一种。最高境界是你的创意，然后从创意出发，选择你所需要学习的传统美术。"在法国，绘画的"基本功"不是素描，不是水彩，而是创意。"如果一个孩子想画一辆卡车，他总会找到自己的办法，可能不是传统常规的做法，但很可能因为做不到传统方式反而产生了意想不到的创意。"保罗目前在上海致力于中法文化的交流，他坦言自己目前看到的大量作品，实在是太过"千篇一律"。

缺乏创意的根源，从中国课堂上的美术教育就可见一斑，整齐划一的石膏绘画，在他看来是不可想象的。"中国现在的美术教育用的还是徐悲鸿、刘海粟一代从欧洲带回来的那套，其实，欧洲早就发生了翻天覆地的变化。"

"创意美术（或自由绘画）的优势在于：单一地学习绘画技巧，是很狭窄的一条道路，而创意美术是为了带给孩子一种对生活的领悟和感知，一种解决问题的办法，这可以运用到以后工作中的任何领域，受用一生。也许不会每个孩子都成为很有创意的人，但至少可以成为很有感觉的人——懂得欣赏各种艺术作品，有自己独特的眼光，这是提高生活质量，而不是谋生手段。"薛文彪称。

（三）陪着孩子"玩"画画

比起传统美术，创意美术的另一大优势就是：孩子们可以不用参加培训，回家自己DIY。

比如，小一点的孩子，妈妈可以用游戏快乐导入，将包、椅子之类的物体用拓印的方式在纸上"画"下来，让孩子们在不规则的"面"上添加数笔，最终成为不同的动物、人物、事物，这种想象有序、有目标、有故事情景。大一点的孩子可以玩"立体借形"，比方说，一只鞋子，鞋帮像不像一个大嘴巴？再加上两只眼睛，又像什么了？任何一种物体都可以让孩子们想办法"改造"。

而创意美术的工具可以不限定于任何一种画笔。用各种树叶的背面作画，用纸揉成一团当画笔，慢慢地在画纸上印上各种花纹，也可以用各种水果或者蔬菜的切面当画笔，还可以用手指印上图案，然后再在手指印上画各种"配件"。

作为舶来品，自由绘画甚至只把画纸作为绘画的工具之一。保罗建议说，每次可以采用一些吸引孩子的小方法，比如将一个苹果切一半，便可以成为一次创作的工具，不用给孩子任何限定。孩子可以在苹果上涂不同颜色，甚至做印章，目的是引起孩子的兴趣。培养孩子的创意，妈妈最该做什么？"家里常备白纸以及各种工具，让孩子有想法的时候可以马上开始创作，当孩子拿着他的作品给你看的时候，不要问这是什么，这个不像什么，永远要鼓励他。"保罗如是说。如果要挑选一些"教材",可以选择日本的《玩美幼教系列》中的美术篇、《跟着安柏利大师学画画》等,当然,如果要使用这些书,还必须是妈妈先看了再引导孩子一起"玩",而不是让孩子简单地照着书上画。妈妈还可以引导孩子进行一些美术欣赏,接触和掌握各类绘画工具和材质。